주식
데이트레이딩의
신神100번칙

KABU DAY TRADING NO ONI 100 SOKU
© KATSUTOSHI ISHII 2020

Originally published in Japan in 2020 by ASUKA PUBLISHING INC.,TOKYO.
translation rights arranged with ASUKA PUBLISHING INC.,TOKYO
through TOHAN CORPORATION, TOKYO and EntersKorea Co., Ltd., SEOUL.

돈 버는 민첩성과
판단력을 갈고닦는
100가지 비결

주식
데이트레이딩의
신神100법칙

이시이 카츠토시
이정미 옮김

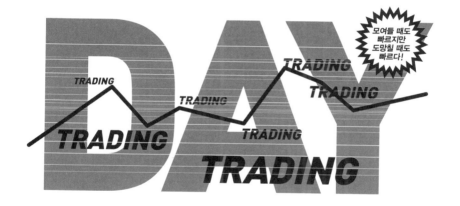

모여들 때도
빠르지만
도망칠 때도
빠르다!

역사적인 주가 변동에서 살아남는 것은
기회를 살펴 빠르게 대처하는 투자뿐

보합권을 이탈할 때 매수 변동 폭에서 이익을 취한다!
트레이딩의 성공에서 중시해야 할 것은 확실한 이익의 축적

지상사

들어가며

주식투자 스타일은 다양하지만 지금 가장 주목받는 것은 '데이트 레이딩'이다.

옛날 장사에 비유하면 아침에 싼 곳에서 사서 하루 안에 팔아치우는 장사다.

'오버나잇' 즉 그날의 자금을 주식 시장에 남기는 일을 하지 않는다.

다음 날은 다시 그날의 기회가 가장 큰 종목을 선택해서 승부한다.

이제 개인 투자자 대다수가 실시하는 투자 스타일일 것이다.

15년 정도 전부터 인기가 있었는데, 변동이 심한 요즘 시장에서는 더욱 이 트레이딩 방법에 익숙해질 필요가 있다.

도쿄의 시세가 좋아도, 시장이 상하이, 런던, 뉴욕으로 이동하는 사이에 어떤 재료가 튀어나올지 모른다.

좋은 쪽이든 나쁜 쪽이든 마찬가지다.

주식투자는 원래 하이 리스크 하이 리턴이기는 하지만, 리스크는 최소한으로 줄이고 리턴은 많이 얻는 것이 좋은 법이다.

그러기 위해 가능한 한 투자를 내일까지 끌고 가지 않는다. 포지션을 매일 비운다. 밤에는 항상 현금을 계좌에 둔다. 초단기 트레이딩이 필요해진다.

당연한 일이지만 이 스타일의 매매에서는 차트를 중시한다.

호가창도 확실하게 읽는다.

이때 차트는 주로 5분봉이다.

차트가 만능은 아니지만, 그래도 차트는 중요하다.

5분마다 변화하는 봉의 움직임을 보고 적절한 시기에 들어가 수익이 나면 바로 나온다.

이 기술을 잘 배우는 것이 중요하다.

승률을 현저히 높이고 기회를 자신의 것으로 만들 수 있다.

최소한 주가가 올랐을 때 뛰어들고 내렸을 때 파는 잘못은 저지르지 않기 바란다.

이 책은 그러지 않기 위한 철칙을 담은 책이다.

이 책에서는 데이트레이딩에 적합한 그날의 가격 변동을 반영한 차트 변동을 읽는 법과 호가창의 정보를 감지하는 법을 말한다. 이는 곧 경험을 바탕으로 분석해서 트레이딩의 판단을 돕고자 한다.

현명하게 활용해서 트레이딩의 성과를 크게 높이기를 바란다.

저자 **이시이 카츠토시**

차례

2장

흐름을 읽고
매수 기회를 살피자

트레이딩의 뒤에 숨은
세력의 의도를 간파하자

돈이 벌리는 테마와
종목을 파악한다

자, 승부의
아침이다

봉차트 속에 오르내리는
수요와 공급이 있다

상승의 테크니컬
10법칙

8장

하락의 테크니컬 9특징

호가창 정보를
지켜본다

데이트레이딩에서도
일봉을 읽어 둔다

스윙도 활용해서
수익을 올린다

아수라장 속에서
돈을 버는
데이트레이딩

동트기 직전이 가장 어둡다.

이 세상에 안전한 것은 없다. 기회가 있을 뿐이다.
더글러스 맥아더

예리한 감각으로
시세와 맞선다

01

주식의 매매는 하나의 전쟁이자 투쟁이다.

상대방이 있고, 매매 속에서 어떻게 돈을 확보할 것인지의 문제다.

싸움이므로 체력과 정신력에 만전을 기해야 한다.

주가는 시장이 열려 있는 동안은 시시각각으로 멈추지 않고 변화한다.

그 변화 속에서 수익을 올린다.

겸업 투자자에게는 매우 불리한 싸움이지만, 트레이딩은 오전 9시에서 오후 3시까지 풀타임으로 할 필요는 없다.

가능한 시간에만 참여하고, 각 종목의 변동에서 이득을 취한다.

또렷한 정신 상태로 시세를 마주하는 에너지가 중요하다.

몸 상태가 나쁘면 싸움에 임하기도 전에 트레이딩은 실패로 끝난다고 생각하면 된다.

주가 변동에 재빠르게 반응하는 것이 승리의 첫째 조건이다.

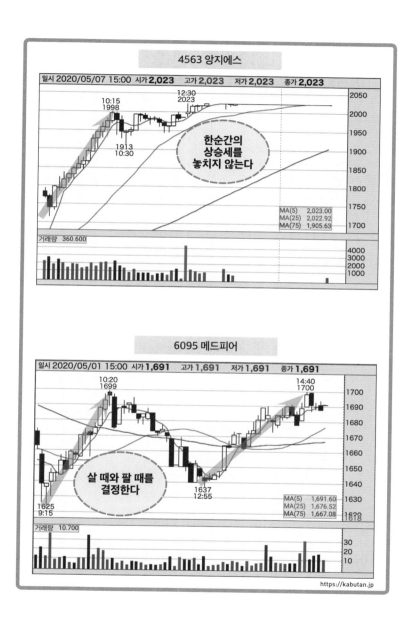

4563 앙지에스

일시 2020/05/07 15:00 시가 **2,023** 고가 **2,023** 저가 **2,023** 종가 **2,023**

12:30
2023

10:15
1998

1913
10:30

한순간의
상승세를
놓치지 않는다

MA(5)   2,023.00
MA(25) 2,022.92
MA(75) 1,905.63

거래량 360.600

6095 메드피어

일시 2020/05/01 15:00 시가 **1,691** 고가 **1,691** 저가 **1,691** 종가 **1,691**

10:20
1699

14:40
1700

살 때와 팔 때를
결정한다

1637
12:55

1625
9:15

MA(5)   1,691.60
MA(25) 1,676.52
MA(75) 1,667.08

거래량 10.700

https://kabutan.jp

매수에서
실패하지 않는 것이 전부

02

데이트레이딩에서 완전히 승리하는 첫 번째 기본은 '실패하지 않기'다. 매수 지점을 항상 유리한 곳에 두어야 한다.

성급하게 매수하면 보유 주식의 가치 하락이라는 난관을 만나고, 손실이 점점 커진다. 그러한 일을 피하기 위해, 이 책의 설명과 같이 5분봉의 움직임 속에서 주가가 잠시 하락할 때 매수하는 것을 철칙으로 삼아야 한다. 그림의 종목은 지금 유행하는 온라인 교육 관련인데, 일

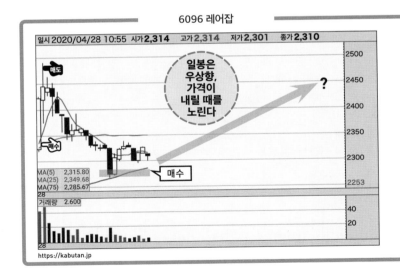

6096 레어잡

주식 데이트레이딩의 신 100법칙

봉에서도 알 수 있듯 하루 동안에도 가격의 변동 폭이 크다.

눈에 띄는 것은 위꼬리다. 이 봉들을 주의해야 한다. 위꼬리의 정점에서 매수하면 데이트레이딩에서는 기회가 없다. 이날의 5분봉에서도 그 경향이 드러난다. 아침부터 갑자기 오르기 시작했지만, 위꼬리가 나오며 상승이 멈췄다. 그 후로 꾸준히 내려갔다.

이 종목은 한때 주가가 3,000엔 부근이었기 때문에 상승 시에는 그동안 값이 다시 오르기만을 기다리고 있던 투자자들의 매도가 나오기 쉽다. 좀처럼 주가가 오르기 힘든 종목이라고 할 수 있다.

아무리 인기 있는 종목이라도 그 종목의 경향을 미리 알아보고 유리한 지점에서 매수한다. 데이트레이딩이든 스윙이든 이것이 수익을 올리기 위한 매매의 기본이다.

6096 레어잡(일봉)

리스크 회피를 위한
'역지정가'는 필수

03

주가가 바로 다음 순간 어떻게 변할지는 아무도 모른다.

'시세는 시세에 물어라'라는 말은 진짜다.

여기서 예로 들 종목은 코로나바이러스 치료제인 아비간 관련 원료를 제공한다는 정보가 나오면서 갑자기 거래량이 증가하며 가격이 상승했다. 이날의 PTS(사설거래시스템 또는 대체거래시스템이라고도 하며, 증권회사가 거래소를 통하지 않고 주식을 매매하는 것) 야간거래에서는 상한가가 나왔다.

'이건 대박이다' 누구나 그렇게 싱글벙글했을 것이다.

그러나 다음 날 아침만 해도 높은 가격으로 시작했지만, 그 후에는 상한가는 고사하고 계속해서 하락했다.

그야말로 빛 좋은 개살구였다.

저가주라는 이유로 1,000주, 2,000주씩 매수했다면 눈 깜짝할 사이에 커다란 손실이 되는 것이다.

작전세력과 큰손들의 조종으로 예상외의 움직임이 발생하기 쉽다.

그래서 데이트레이딩에서는 곧바로 후퇴할 수 있도록 '역지정가'를 설정하도록 권하는 바다.

필자는 일반적으로 10% 하락하면 매도한다. 가령 주가가 400엔일 때 40엔이 떨어졌다면 판다. 400엔에서 매수했는데 주가가 10% 떨어져 버리면, 1,000주를 매수한 경우 4만 엔의 손실을 보게 된다.

손실이 그 이상 커지지 않도록 확실하게 역지정가를 설정한다.

데이트레이딩에서는 5%, 가령 주가가 400엔이라면 20엔 하락했을 때 후퇴하는 것이 좋다.

정말로 유망한 종목이라면 예상대로 움직이는 경우 크게 하락하지 않고 상한가에 근접할 것이다.

예상외의 하락이 발생했다면 그럴 만한 종목이라는 뜻이다.

포기하는 것이 낫다.

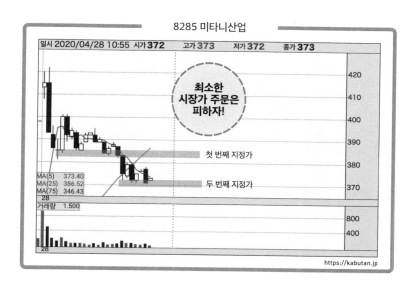

8285 미타니산업

일시 2020/04/28 10:55 시가 **372**　고가 **373**　저가 **372**　종가 **373**

최소한 시장가 주문은 피하자!

첫 번째 지정가

두 번째 지정가

MA(5)　373.40
MA(25)　386.52
MA(75)　346.43

거래량　1.500

https://kabutan.jp

상승 시 이익 확정도 '지정가'가 현명하다

04

요즘 주가는 급등과 급락이 발생하기 쉽다.

어느 쪽으로 움직이든 큰 이익을 얻을 수 있도록, 매수한 직후 어느 정도의 가격 폭을 두고 매도 주가를 설정해 두자.

이것은 오르내림이 심한 장세에서도 빈틈없이 이익을 얻는 중요한 요소다. 오르면 팔고, 내리면 산다.

이 똑똑한 설정이야말로 데이트레이딩 성공의 열쇠다.

6857 어드반테스트

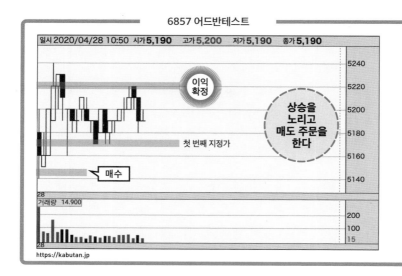

일시 2020/04/28 10:50 시가 **5,190** 고가 **5,200** 저가 **5,190** 종가 **5,190**

이익 확정

상승을 노리고 매도 주문을 한다

첫 번째 지정가

매수

거래량 14.900

https://kabutan.jp

주가는 외부 환경의 영향도 받으면서 급격히 변동한다.

모처럼 보유 종목의 가치가 상승해도 늑장을 부리면 수익은 내 것
이 되지 않는다. 컴퓨터나 스마트폰 설정을 통해 저절로 수익을 축적
할 수 있도록 빈틈없이 그물을 쳐 두자.

이것은 데이트레이딩에서 기본 중의 기본이다.

주가의 움직임을 그저 보고 있기만 해서는 충분한 성과를 얻을 수
없다. 큰손 트레이더들은 작은 가격 변동에서도 확실히 돈을 번다. 개
인 투자자가 데이트레이딩에 임하기 위해서는 거기에 주눅 들지 않
고 세세한 설정으로 주가의 진폭에서 수익을 얻어야 한다.

상승 시의 지정가 설정은 매매의 균형에서 주가가 위쪽으로 움직
일 때 그 상승폭에서 빈틈없이 이익을 취하는 중요한 방법이다.

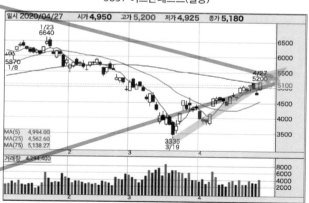

6857 어드반테스트(일봉)

아침 첫 매수는
'유리한 주가'로 설정한다

매일 아침 거래 시작 전에 매수 종목을 선택하는데, 그 지정가를 배치하는 방법이 중요하다. 전날 야간거래의 상태를 봤는데 주가가 오르고 있었다면, 자신도 사야 한다는 생각에 초조해져서 시장가 매수 주문을 넣기 쉽다. 그러나 이렇게 하면 진입할 때부터 핸디캡을 떠안게 된다. '꼭 이걸 사지 않아도 다른 종목이 있다.'

'오늘 사지 않아도 내일이 있다.' 그렇게 생각하면서 여러 종목을

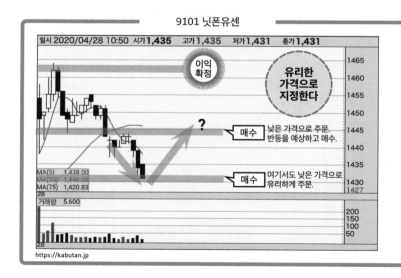

9101 닛폰유센

https://kabutan.jp

골라 유리한 계획을 짜야 한다. 매수 설정의 비결은 예상되는 시작 주가보다 약간 낮게 설정하는 것이다. 나아가 '여기까지 떨어지지 않을지도 모른다'라고 느껴지는 낮은 주가로도 설정한다. 밑져야 본전이다.

주가는 생각지 못한 낮은 지점까지 내려가기도 하기 때문이다.

그 주가 하락을 확실히 포착하는 빈틈없는 준비를 통해 데이트레이딩에서 성공할 수 있다. '이 종목을 보유하고 싶다'라는 마음만으로 충동적으로 매수하거나 시장가 매수하는 일은, 보유 가치가 하락하는 '실패한 트레이딩'의 나쁜 습관이다. 매수를 잘해서 처음부터 유리한 위치를 점해야 한다. 성공 투자에서는 가능한 한 저렴하게 매수해야만 한다. 탐나는 종목이라도 침착하게 낮은 지정가를 설정하고 기다렸다가 매수하자. 이것은 데이트레이딩을 시작할 때의 기본이다.

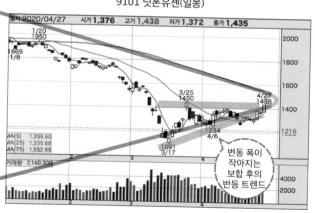

서장 아수라장 속에서 돈을 버는 데이트레이딩

상승이 계속될 때는 사고팔기를 반복해 수익을 올린다

06

데이트레이딩에서 가장 짭짤한 것은 상승세를 따라가며 사고팔기를 반복하는 거래다.

이 차트 속의 기업은 전날 의외로 좋은 결산 내용을 발표했다.

아침부터 강세로 시작한다. 그렇다고 해서 시가가 크게 뛴 것은 아니고, 그럭저럭 괜찮게 시작했다.

'수익이 나겠다.' 그렇게 생각하며 화면을 본다.

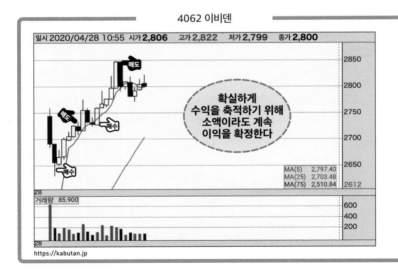

4062 이비덴

일시 2020/04/28 10:55 시가 **2,806** 고가 **2,822** 저가 **2,799** 종가 **2,800**

매도

매수

매수

확실하게 수익을 축적하기 위해 소액이라도 계속 이익을 확정한다

MA(5) 2,797.40
MA(25) 2,703.48
MA(75) 2,510.84

거래량 85.900

https://kabutan.jp

운 좋게 주가는 상승 트렌드다. 신이 난다.

그러나 과신은 금물이다. 일단 지정가 이익 확정을 설정한다.

조금 후 가격이 약간 하락한다.

여기서 다시 진입한다. 그 후 주가가 상승한다.

이상적인 우상향 5분봉이다.

이런 움직임이 나타날 때는 '샀다가 판다. 샀다가 판다'를 반복한다.

그렇게 해서 확실하게 이익을 축적해 나간다.

데이트레이딩에서 수익을 올리기 가장 좋은 방법이다.

이런 이상적인 종목들이 존재하므로, 양봉이 많고 서서히 올라가는 경향이 있는 종목에 평소부터 관심을 가지자.

주가의 경향을 파악해 두면 성공률이 그만큼 올라간다.

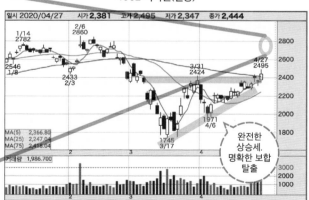

4062 이비덴(일봉)

1장

데이트레이딩은 순간의 승부다

지금 싸우지 못하는 자에게 다음이나 미래를 이야기할 자격은 없다.
로베르토 바조(이탈리아의 축구선수)

불은 황금을 시험하고, 역경은 강한 사람을 시험한다.
세네카

고정관념을
버려라

07

주식 트레이딩에서 버려야만 하는 것이 바로 '고정관념', '어설픈 경험'이다.

'그때는 이랬지'

'이 종목은 재수가 없어'

'이 종목은 자신 있어'

이런 선입견을 말하는 것이다.

확실히 경험이 풍부하면 그 종목의 시세를 읽어낼 때 일종의 경향을 알 수 있으므로, 지식이 없는 것보다는 나을 것이다.

그러나 세상이 크게 변하고 있을 때는 경험이 오히려 방해하는 일이 많다.

믿을 것은 눈앞의 시세다.

'시세는 시세에 물어라'다.

아무리 억지를 써도 눈앞의 시세를 가릴 수는 없다.

주가에는 수많은 요인이 얽혀 있다.

인간의 심리 상태, 다양한 경제 현상, 분쟁과 대립, 시세, 사건….

주가는 이것들을 모두 배경으로 삼아 형성된다.

그 움직임에 유연하게 대응할 때 비로소 만족스러운 성과를 얻을 수 있다.

'집콕'으로 갑자기 주가가 움직이기 시작한 운수 종목들이 주목을 받고 있다. 예전에는 인건비와 연료비 상승으로 외면 받았는데, 갑자기 상황이 달라졌다.

고정관념을 버릴 때다.

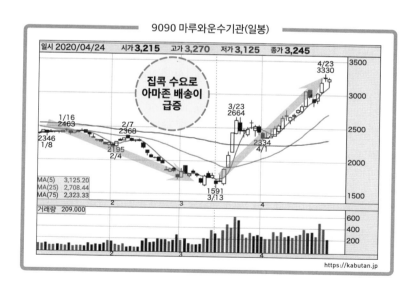

9090 마루와운수기관(일봉)

현재를 보고
다음 순간을 예측한다

08

지금 시세의 뒤에는 무엇이 있을까.

시세에 투자하기 위해서는 시세를 예측하는 기술이 반드시 필요하다.

과거의 시세는 이미 지나간 일이므로 투자에서는 잠재력이 없다.

지금보다 나중에 일어날 시세의 변동이야말로 우리가 이익을 확보할 수 있는 기회를 가져다준다. 그리고 시장의 관심은 끊임없이 변화한다.

지금 시세의 위치는 전체의 흐름 속에서 어디에 있는가?

개별 종목의 인기도와 테마성을 어디까지 파악하고 있는가?

이것이 중요한 요건이다.

개별 시세는 전체 시세에 어느 정도 영향을 받는다.

전체 시세가 시장 참여자들의 심리에 영향을 미치기 때문이다.

그 전체 시세가 요즘은 심상치 않다.

그런 상황에서 기회가 많은 종목군을 찾아내고 지금 시세 속에서의 변동을 비교적 정확하게 예측할 줄 알면, 그 변동 폭을 잘 활용해서 수익을 올릴 수 있다.

아무 근거도 없이 남들의 정보에 휘둘리며 감으로 실시하는 트레이딩은 성공률이 매우 낮다.

전체적인 성공률이 낮아지고, 결과적으로 보유한 종목의 가치가 크게 하락하게 된다.

주가의 추세를 완전히 읽어내는 정보 전략이 매우 중요하다.

코로나19 악재가 쏟아지는 가운데 새로운 종목군이 싹트고 있다는 사실을 깨달아야 한다.

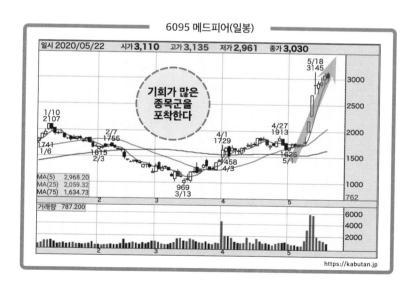

6095 메드피어(일봉)

시간이 허락하는 한
도전한다

09

주식투자는 아수라장이라고도 하지만, 증권회사 사이트에 로그인만 하면 매매를 할 수 있다.

다만 매매를 한다고 해서 잘된다는 보장은 없다. 대상 종목이 어떻게 움직일지, 가능한 한 높은 확률로 예측할 필요가 있다.

하루의 주가는 아침부터 순조롭게 상승하는 것, 점점 하락하는 것, 오르락내리락하는 것 등 다양하다. 왼쪽 차트를 보면 뚜렷하게 드러난다. 그중에서 **가장 이익이 될 확률이 높은 것은 아침부터 조금씩 꾸준히 오르는 주가다.**

트레이더는 누구나 이런 주가를 바라지만, 눈앞의 주가는 그 바람을 배신하는 일이 많다.

예측과 반대되는 주가 앞에서는 미련 없이 손절하고 후퇴할 필요가 있다.

몇 가지 종목을 매수하고, 그중 가격이 바람대로 움직이는 종목이 있다면 거기에 집중해서 이익 확정 타이밍을 계산한다. 시간이 허락하는 한 계속해서 도전한다.

매수와 이익 확정의 기회를 놓치지 않는 일이 핵심이다.

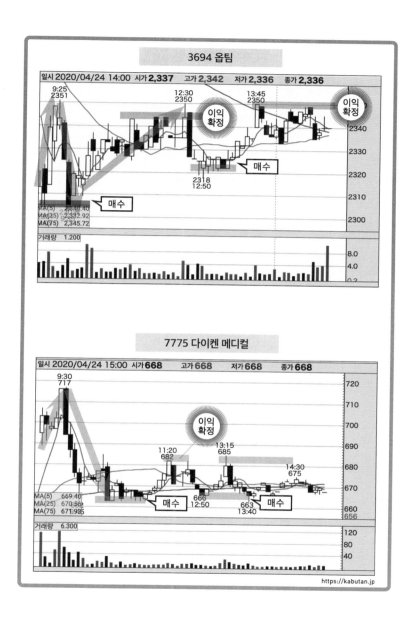

오른다고 달려들지 말고 내릴 때를 활용하자

10

데이트레이딩에서 항상 자각해야 하는 것이 '급등할 때 달려드는' 개인 투자자들의 버릇이다.

백전노장이 아닌 투자자들은 주가가 오르면 '이건 오른다'라고 강세를 예상하며 다 함께 용기를 가지기 쉽다.

그러나 초반이 아니라 상당히 상승한 후에 진입하는 일이 왕왕 있다.

상승 초반일 때는 프로는 물론이고 세미프로와 베테랑 개인 투자자들이 약삭빠르게 진입한다.

그 후 다양한 보도와 SNS 게시물을 통해 널리 알려지고, '그래? 사야겠군'이라고 생각하는 사람들이 늘어서 주가는 일시적으로 상승한다.

그러나 그것이 가장 위험하다.

그런 미숙한 사람들이 매수하는 타이밍 다음으로, 그보다도 높은 가격으로 매수하는 사람들은 없기 때문이다.

이 사람들은 막차를 탄 것이므로 이익 확정을 할 수 없다.

그보다 전에 매수한 사람들이 그 시점에서 추가로 더 매수하는 일도 없다.

즉 미숙한 사람들이 매수하는 지점은 그보다 전에 매수한 사람들이 이익을 확정하는 타이밍이다.

이렇게 하면 자산은 늘어나기는커녕 줄어들기만 한다.

그렇기에 주가 상승에 대한 정보에 휘둘리지 않고, 아무리 구미가 당기는 재료나 정보가 있어도 **주가가 잠시 내리기를 기다리고, 조정에서 부활하는 타이밍을 기다려야 한다.**

그것이 '정보 약자'가 현명하게 싸우는 법이다.

상승한다고 곧바로 달려들지 않고, 한 박자 쉬었다가 일시적인 하락이나 조정을 기다려서 침착하게 진입하는 일이 중요하다.

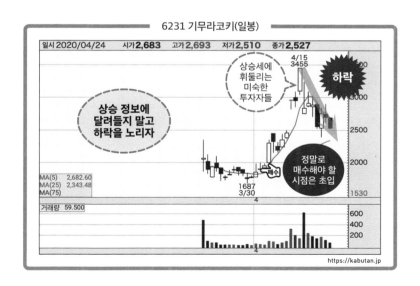

6231 기무라코키(일봉)

'보유 주식의 가치'를 확실한 이익으로

점찍어 둔 종목이 예상대로 상승해서 보유한 주식의 가치가 오르고, '더 오르겠지'하며 눈앞의 숫자가 올라가는 모습을 흐뭇하게 바라보는 시간을 최고의 행복이라고 생각하는가?

그러나 프로는 이렇게 하지 않는다. 미리 계획을 세우고, 높은 확률로 확보한 이익을 현실의 이익으로 확실하게 전환한다.

이것을 반복해서 성과를 축적한다. 어디까지나 계획적인 이익의 확보다.

반면 실패하는 투자자는 '아직 더 오를 거야'라고 생각하며 이익을 확정하지 않고, 잠재적 이익의 증가에 싱글벙글할 뿐이다.

그러나 시장은 그렇게 만만하지 않다.

이것은 필자의 실패담인데, 주가 상승의 한복판에서 보유한 주식의 막대한 가치가 갑자기 시장가 매도로 인해 무너지고, 주가가 곧바로 그날 하한가를 기록하는 바람에 이익이 모두 날아간 적이 있다.

지문 인증 기술 기업인 DDS의 주식이었다. 그림에서는 장기 봉을 통해 주가가 어떻게 급락했는지 보여주고 있다.

그 후로 필자는 부지런히 이익을 확정하고 있다.

물론 시장의 상황에 따라서도 달라진다.

누가 봐도 대규모 펀드 등이 참여한 상황이어서 거래량이 매우 많을 때라면, 주가는 어느 정도 원하는 방향으로 움직이는 경향이 있다. 그럴 때는 거래량과 호가창의 정보를 보며 시세를 따라가도 좋다.

그러나 소형주이고 거래량이 적은 종목은 어느 정도 이익이 발생했을 때 확정하지 않으면 그 이익이 날아가고 만다.

보유 주식의 가치는 단순히 인터넷상의 데이터일 뿐이지 자신의 돈이 아니다. 그 사실을 명심해야 한다.

호가창과 차트를 실시간으로 볼 여건이 된다면 기민하게 매매 균형의 동향을 읽어내야 한다.

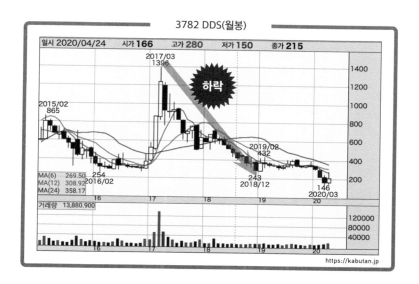

가격 폭보다
확률을 중시하자

트레이딩의 성공에서 중시해야 할 것은 확실한 이익의 축적이며, **소폭이라도 확실하게 이익을 확정하는 일이다.**

인기 종목의 호가창 움직임을 보고 있으면 알게 되는데, 주가가 오를 때에도 이익 확정을 위한 매도가 빈번히 관찰된다.

이것이 펀드와 베테랑의 투자 스타일이다.

'가능한 한 큰 이익 폭을 취하고 싶다'라는 마음은 이해할 수 있다.

그러나 가격 폭이 그 이상 더 커질 확률은 아마 그렇게 높지 않을 것이다.

대폭 상승한 차트를 항상 선망의 눈길로 보고 있노라면, 지금 내가 가지고 있는 종목도 그렇게 됐으면 좋겠다고, 분명 그렇게 될 것이라고 생각하게 된다.

그러나 그것은 망상에 지나지 않는다.

주식 거래에서 확실한 것은 눈앞의 보유 주식 가치다.

주가가 오르는 동안에는 그대로 상태를 지켜본다. 그러나 5분봉이 한계에 달하고 약해진 시점에서는 이익 확정이 많아지므로, 그 움직임을 느낀 초기에 이익을 확정해야 돈을 벌 확률이 높아진다.

데이트레이딩에서 실패하지 않기 위해서는 매수가 많아지고 활기를 띠는 시점에서 이익을 확정하는 일이 중요하다.

이익을 확정한 뒤 주가가 더욱 올라가도 아쉬워할 필요는 없다.

욕심을 부리면 트레이딩에서 성공하기 어려워진다.

대형 증권과 펀드는 알고리즘을 이용해 매매하는데, 거기에 맞춰 **주가가 상승할 때 판다. 상승 트렌드가 한풀 꺾일 때 산다.**

단순 작업의 반복이지만 이 트레이딩 방법이 성공률을 높인다. 아래 차트는 데이트레이딩에서 성공하기 쉬운 주가의 움직임이다.

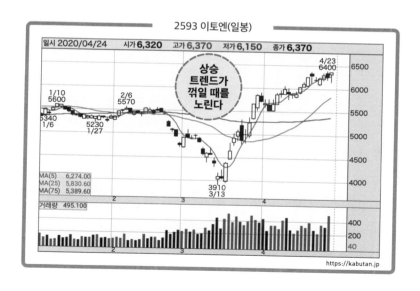

정보를 한눈에 볼 수 있는 환경을 정비하자 **13**

데이트레이딩에서 돈을 버는 투자자들은 항상 다양한 데이터를 실시간으로 관찰한다.

- 닛케이 평균 주가의 추이
- 선물거래의 움직임
- 세계의 주가 동향, 다른 아시아 국가들의 주가
- 실시간 포털사이트 뉴스와 주식 뉴스

이런 정보를 예로 들 수 있다.

자신이 트레이딩하고 있는 또는 트레이딩을 계획하고 있는 종목은 단순히 그 종목의 재료만으로 움직이지 않는다.

투자자들은 다양한 사정으로 포지션을 구축하거나 정리한다.

그 사정 중 하나로 우선 닛케이 평균 주가의 움직임이 있다.

시장에 흘러드는 자금의 양, 그리고 매도와 매수 중 무엇이 우세한가는 닛케이 평균 주가에 나타난다.

또 이것을 선도하는 요인은 선물거래다.

선물거래 중 70%는 외국계 펀드가 차지한다.

금액은 크지 않지만 분명 닛케이 평균 주가와 개별 종목의 추세에 영향을 미친다.

이 요소들을 보지 않고 데이트레이딩 시세와 맞설 수는 없다.

트레이딩을 하는 동안 이러한 정보의 그물을 항상 펼쳐놓을 필요가 있다.

웹사이트 몇 개를 동시에 열어놓고 한눈에 볼 수 있는 컴퓨터 환경을 마련하는 것도, 앞으로 돈을 벌기 위한 초기 투자라고 생각하면 아깝지 않다.

물론 누구나 집에서 전업으로 트레이딩을 할 수는 없다.

그럴 수 없는 사람은 큰 모니터로 만족스럽게 정보를 볼 수 있는 환경이 되지 않더라도, 평균 주가, 선물, 아시아 시장의 동향, 다우 선물 정도는 가능한 한 스마트폰으로 부지런히 확인하는 습관을 들이자.

개별 종목의 데이트레이딩이다.

거기에 영향을 미치는 다양한 지표는 주가의 변화를 미리 감지한다는 의미에서 반드시 알아둬야 한다.

반도체 관련, 사건사고 관련, 코로나바이러스 관련, 소비 관련 등 시장의 움직임은 그때그때 다양한 정치경제 상황에 영향을 받으므로 눈을 떼서는 안 된다.

종목은 여러 호가창의 정보로 관찰한다

14

증권회사들도 다양한 거래 툴을 제공한다.

요즘은 외출했을 때에도 휴대전화 앱으로 쉽게 매매할 수 있다. 가령 골프를 치면서도 매매가 가능하다.

세미나 참가자들이나 트위터 팔로워들에게서 어떤 증권회사를 통해 데이트레이딩을 할지에 대한 질문을 많이 받는다.

필자의 대답은 자신에게 편하고 익숙한 회사를 이용해야 한다는 것으로 정리된다.

'화면 배치가 익숙하지 않다. 사용하기 불편하다.'

이렇게 느끼면서 거래하는 일은 마치 '핸디캡'을 안고 거래하는 일과 같다. 거래가 더 어려워지고, 즉각적인 거래에서 때를 놓치게 된다.

물론 '○○에 대한 정보는 이 사이트가 좋다', '호가창 정보는 여기가 좋다' 하는 식으로 여러 사이트를 함께 사용하는 것은 괜찮다.

야간 거래를 하고 싶다면 거기에도 자금을 넣어 트레이딩을 하면 된다.

요점은 프로든 아마추어든 '최적의 환경을 준비하는 일'이 중요하다는 것이다.

그리고 몇 개, 때로는 몇십 개 종목의 동향도 확인하면서 이변이 일어나면 감지해야 한다.

지금 자신이 주목하는 종목 외에도 '어라?' 싶은 움직임을 보이는 종목들이 많이 있다.

그것을 놓쳐서는 안 된다.

동향을 포착하는 데에는 호가창이 가장 좋다.

지금까지 움직임이 없던 종목의 호가창이 갑자기 급변한다면, 그만큼 주목받는 인기 종목이 되었다는 뜻이므로 데이트레이딩에서 이익을 취할 기회도 많아진다.

항상 여기저기 둘러보며 성공할 수 있는 실패하지 않는 트레이딩을 하자.

도쿄 증시의 모든 종목을 관찰하지는 않아도 좋다. 그러나 자신이 주목하는 종목의 움직임은 항상 확인할 수 있도록, 화면으로 볼 수 있도록 하자.

기회를 놓치지 말자.

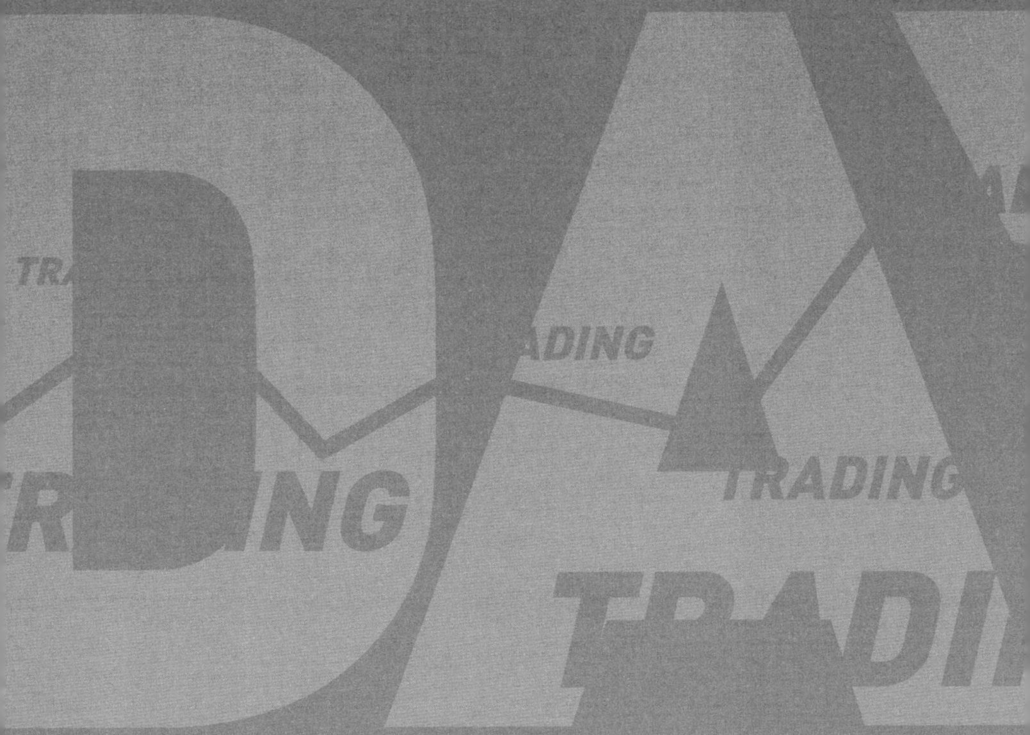
TRADING

2장

흐름을 읽고 매수 기회를 살피자

대폭락 다음 날은 사고 사고 또 산다.
고레카와 긴조(일본의 투자가)

언제 일어날지 예측하는 일은
무엇이 일어날지 예측하는 일보다 몇 배는 어렵다.
필립 피셔(미국의 투자가)

전시에 싸우는 방법을 안다

15

구체적인 이야기로 들어가기 전에 최근의 시세 환경과 거기에 대한 대응을 생각하자.

투자 환경에는 '전시와 평화시'가 있다.

동일본 대지진의 아픔을 딛고 안정된 아베 정권하에 닛케이 평균 2만 엔대에 다다른 지난 약 3년간은 그야말로 '평화시'였다고 할 수 있다.

코로나 시국은 그전의 금융위기를 능가하는 '전시'다.

미국 대통령도 전례가 없을 정도의 참상에 '나는 전시의 대통령이다'라고 말했다. 이 사실을 봐도 이번 사태가 얼마나 특수한지 알 수 있다.

필자는 45년이 넘는 투자 경력 속, 오일쇼크에서 버블경제 붕괴, IT 버블, 금융위기, 라이브도어 쇼크(2006년 1월 라이브도어라는 기업이 수사를 받으면서 일본 주식 시장이 폭락한 사건) 등 주식 시장의 위기를 여러 번 경험해 왔다.

덕분에 후퇴와 손절의 중요함을 잘 알게 되었다. 다행히 투자를 그만두는 사태까지 간 적은 없다.

그러나 경험이 없거나, 지식은 있어도 주가 변동에 부주의한 사람은 '설마 자금이 모두 날아가지는 않겠지' 하며 안일한 태도를 취한다.

전시의 주가는 급상승하기도 하지만 급락하는 일도 빈번하다.

급상승하던 주가가 악재를 발단으로 우왕좌왕하는 사이 정반대로 하락한다.

이런 경우에는 손해가 눈덩이처럼 불어나므로 조심해야 한다.

그러나 그다음 날은 상황이 개선되지 않았는데도 무슨 이유인지 다시 상승하기도 한다.

영리한 개인 투자자는 그저 재빠르게 주가의 흐름에 맞출 뿐이다.

시세에는 성공하기 쉬운 흐름과 실패하기 쉬운 흐름이 있다.

중요한 것은 **성공하기 쉬운 시세를 따라가며 확실히 수익을 올리는 일**이다.

그러기 위해서는 시세 환경 속에서 강한 종목과 약한 종목을 철저히 선별하는 일이 필수다.

상승한다고 해도 파동에는 경향이 있다.

아무리 트렌디한 종목이라도 봉이 지나치게 길 때는 조정을 위한 급락이 있다.

이 리듬을 이해하지 못하면 성공률을 유지할 수 없다.

폭락은
매수의 기회

16

뉴욕 주가가 급락한 다음 날은 대체로 닛케이 225 평균 종목은 물론이고 그 외에도 수많은 종목이 저조하다. 신흥국 시장도 마찬가지로 영향을 받으므로, 데이트레이딩 종목을 선정할 때는 신중해야 한다.

다만 뉴욕이 약할 때는 실적이 좋고 우상향인 우량 종목이 약세로 시작하는 경향도 있으므로, 아침에 개장할 때가 매수의 기회다.

그림의 예시는 안정된 실적을 가진 일본의 대표적 통신 관련 종목

9432 일본전신전화

주식 데이트레이딩의 신 100법칙

이다. 이날 아침은 약세로 시작했다. 그러나 하락세에는 매수가 따르므로, 어느 정도 이상으로는 잘 내려가지 않는다. 이것이 투자자들을 '안심'시켜서 주가가 서서히 올라간다.

게다가 양봉이 연속되므로 어느 시점에서든 이익을 확정할 수 있다.

적절히 이익을 확정하면서 사고팔기를 계속할 수 있는 형태다. 상승세가 멈추는 일 없이 꾸준히 계속된다.

이상적인 데이트레이딩 종목이다.

뉴욕 주가가 하락했을 때는 우량 종목이 일시적으로 하락할 때를 노린다.

이 습관은 매우 효과적이다. 다른 사람들이 모두 매수를 꺼리고 후퇴하는 시점에 반대로 진입하는 용기가 트레이딩의 성공을 낳는다.

그러나 무작정 매수한다고 다 되는 것은 아니므로 주의해야 한다.

9432 일본전신전화(일봉)

뉴욕이 하락해도
재료주는 무관하다

17

뉴욕 주가가 하락한 다음 날 아침은 닛케이 평균 주가도 상당한 확률로 약세를 보인다.

그 이유는 큰손들의 매수가 감소하거나, 이익 확정을 위한 매도가 많아져서 매매의 균형이 '매도 우세'로 기울기 때문이다.

주가는 간신히 균형을 이루며 하락으로 기운다.

그러나 무언가 '재료'가 있는 종목은 전체 시세의 흐름과 무관하게 매

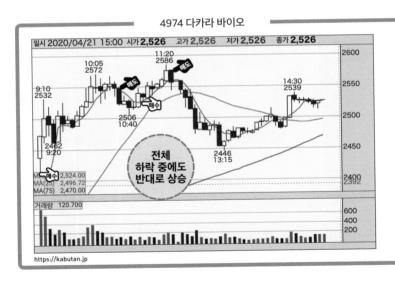

4974 다카라 바이오

주식 데이트레이딩의 신 100법칙

수가 모여들어 인기를 얻는다. 전체의 흐름에 영향을 받지 않는 종목도 시장에 존재함을 명심해야 한다.

여기에서 예로 든 종목은 코로나바이러스 백신의 양산 준비라는 이 시기에 둘도 없는 커다란 재료를 보유하고 있었다. 닛케이 평균 주가에 좌우되지 않는 요소가 있는 만큼 독자적인 움직임을 보였다. 어떤 시세 속에서든 그 분위기에 휩쓸리지 않는 종목이 있다.

'전시'일 때는 그 재료와 인기를 생각해서 트레이딩하는 일이 효과적이다. 이 점은 확실히 명심해야 한다.

지금 전체 시세에 휘둘리지 않는 '큰 재료'는 무엇인가.

성공하는 트레이딩 전략에는 이것을 제대로 파악하는 감과 정보를 입수하는 자세가 필수다.

4974 다카라 바이오(일봉)

유가 대폭락 때 부상하는 기업이 있다

18

주가 시세가 다양하게 변동할 때 가라앉는 기업도 있고 부상하는 기업도 있다는 사실을 기억하자. 코로나 사태로 전 세계의 경제 활동이 정체되고, 그 영향으로 원유 소비가 감소했다. 차트 속의 날, 원유 시장에서는 사상 처음으로 선물에 '마이너스' 가격이 붙었다.

'돈을 줄 테니 가져가 달라'라는 것이다. 뉴욕 주가도 함께 큰 폭으로 떨어지며 끝났다. 그런데 여기서 일어난 현상이 '쌀 때 비축하기'

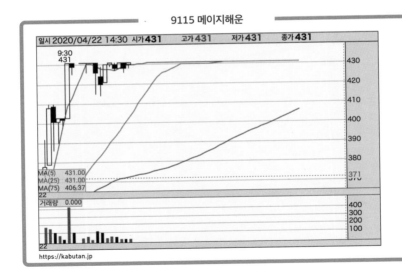

9115 메이지해운

| 일시 2020/04/22 14:30 | 시가 **431** | 고가 **431** | 저가 **431** | 종가 **431** |

다. 금방 각광받은 것이 탱크가 있는 선박이다.

원유 시세가 급락하면서 관련 주가가 움직이기 시작했다.

그중에서도 규모가 작은 이 기업은 부동주가 적은 까닭에 매수 표적이 되어 상한가를 기록했다. 그리고 비교적 큰 다른 회사들의 주가도 올라갔다. 이처럼 '어딘가가 가라앉으면 어딘가가 떠오른다' 시소 놀이와도 같은 경제 시스템을 확실히 기억하며 트레이딩하자.

이러한 트렌드에서 명확한 것은 데이트레이딩보다도 이후 2, 3일 간 가격 동향을 지켜보며 '오버나잇'으로 승부하는 일도 좋은 방법이라는 사실이다. 그 외에도 유가 하락으로 우위에 서는 종목들은 많다. 가격이 어떻게 움직이는지 지켜보는 일도 좋을 것이다. 다만 유가 등은 경제 활동과 연동되어 오르내리므로, 오래 붙들고 있는 일은 금물임을 명심하자.

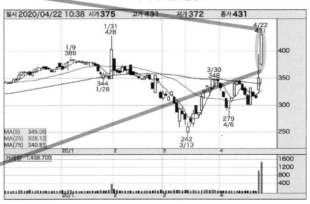

9115 메이지해운(일봉)

닛케이 평균이 내려가도 강한 우량주는 회복, 나아가 상승한다

뉴욕 다우나 닛케이 평균이 내려가는 것은 세계 경제가 하락세를 보일 때 일어나는 현상이다.

전체 장세가 약하면 세계 시장을 대상으로 하는 자동차, 기계, 전기, 화학 등 다양한 기업들이 영향을 받는다.

그래서 주가는 뉴욕 시세 등에 좌우된다.

그러나 장세가 나빠도 세계에 하나뿐인 기업들 중에는 의외로 강

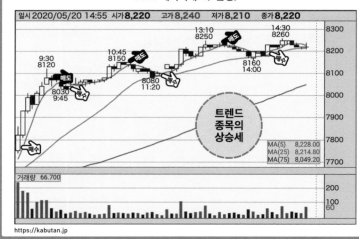

6920 레이저테크(5분봉)

한 종목이 있다.

여기서 예로 든 종목은 일봉 차트에서도 알 수 있듯 시장 전체가 침체되었을 때에도 뚜렷한 우상향 주가를 보여줬다.

트렌드를 잘 지켜보며 트레이딩하자.

전체 시세가 하락할 때에도 강한 우량주는 시장 환경이 좋아지면 상승세가 더욱 가속될 가능성이 있다. '하락해도 강하다.'

이런 종목은 특히 주의하며 트레이딩해야 한다.

주가는 일률적, 기계적으로 움직이지 않는다.

나쁜 환경에서도 강한 모습을 보이는 종목이 있다.

그 미동을 감지하는 것이 수익을 향한 첫걸음이라고 할 수 있다.

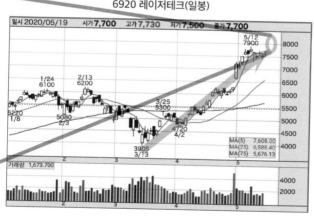

6920 레이저테크(일봉)

큰손들은 일부러
떨어뜨려서 줍는다

20

여기 재료도 유망하고 실적도 좋은 종목이 있다고 하자.

보통 주가가 올라갈 것으로 예상할 수 있지만, 그 종목으로 안정되게 이익을 확정할 수 있느냐 하면 단언할 수 없다.

예를 들어 암 치료제 옵디보로 유명한 오노약품의 주가 동향을 10년 차트로 보면, 초기의 상승 과정에서는 상당한 하락도 함께 보인다.

텐버거(10배 이상의 수익률) 주식 특유의 하락으로 급락 국면이 수없이 많았다.

마찬가지로 인기 종목이라도 일이나 분 단위로 보면 오르내림을 반복하며 상승한다.

왜냐하면 펀드 등은 적절한 시기에 이익을 확정해 주가를 낮춘 후, 매수하는 측의 동향과 매수 규모를 보고 다음 작전을 생각하기 때문이다.

때문에 개인 투자자는 처음부터 끝까지 주가 상승의 열매를 그다지 맛보지 못한다. 그렇다면 다른 '어딘가'에서 이익을 취할 수밖에 없다.

7094 NexTone(일봉)

일시 2020/05/08 15:00 시가 **7,040** 고가 **7,600** 저가 **6,420** 종가 **6,840**

5/8 7600
4/17 7160
4335 4/22

MA(5)　6,166.00
MA(25)　4,846.28
MA(75)

거래량 758.500

하락 국면

7094 NexTone

일시 2020/04/24 14:55 시가 **4,445** 고가 **4,485** 저가 **4,420** 종가 **4,460**

9:05 5280
4880 9:00
13:30 4670
4410 13:00
4350 14:25

MA(5)　4,435.00
MA(25)　4,492.20
MA(75)　4,781.07

거래량 13.600

좋은 종목이라도 큰손들의 개입으로 급락한다

아침부터 하락할 때는 기회가 많다

21

이번 코로나19 사태로 뉴욕 다우가 하루 만에 2천 달러 폭락한 것은 강렬한 사건이었다.

이 '공포의 하락'에 들어맞지는 않지만, 보통 뉴욕 주가가 대폭 하락할 때는 대형 종목과 그것을 따라가는 종목들의 주가에 일정한 버릇이 나타난다.

바로 '큰 폭으로 하락하고 시작한다'는 것이다.

그러나 그 후의 움직임을 보면 일부의 예외를 제외하고 하락 지점에서 반등하는 경우가 많다.

이 경험을 활용해야 한다.

말하자면 공포의 아침의 갭다운(대폭 하락)을 활용해, 반대로 매수를 통해 맞서는 것이다.

개인 투자자는 뉴욕 주가가 폭락한 것을 보면 낭패감에 매도를 하기 마련이다.

그 때문에 주가는 대체로 대폭 하락한 채 시작한다.

그러나 남들이 가지 않는 길에 보물이 숨어 있는 법이다.

주식에서는 남들과 반대로 해야 이길 수 있다.

주식 데이트레이딩의 신 100법칙

이 국면에서는 일부러 매수로 맞선다.

도요타든 혼다든, 무엇이든 좋다.

아침 시세를 보고, 매우 약세인 종목으로 타깃을 좁힌다.

가장 용기가 필요한 상황이지만, 그 무서운 상황에서 매수한 것에 대한 보상은 그리 오래 지나지 않아 돌아온다.

사람들이 낭패감에 매도하면 주가는 낮아지므로, 반등으로 인한 회복이 찾아온다.

거기서 이익을 확정하면 된다.

그것이 언제나 존재하는 '이기는 패턴'의 트레이딩이다.

보합 후 급격한 하락에는
나쁜 재료가 숨어 있다

22

주가는 하루 중 잠시도 똑같은 수준에 머무르지 않는다.

물론 종목에 따라서는 같은 주가에 멈춰 있는 경우도 있으나, 일반적으로는 오르내림을 반복하며 하나의 경향을 보인다.

트레이딩에서 조심해야 하는 것은 주가가 보합에서 벗어나 급격하게 하락할 때다.

기업은 다양한 형태로 노력하며 수익을 낸다.

일부러 리스크를 감수할 때도 있다.

그 때문에 생각지 못한 곳에서 예상이 틀리거나 악재가 일어나 주가가 급락하는 경우가 있다.

해외를 대상으로 활동하는 기업일 경우 이런 일이 흔하다.

원인은 당장 알지 못하더라도, 급락할 때는 '후퇴'해야 더 큰 타격을 받지 않는다.

물론 다소 시간차를 두고, 주가가 왜 하락했는지에 대한 뉴스는 시장에 나온다.

그러나 그때까지 기다리면 타격이 커지므로 '후퇴할 때는 후퇴'하는 것이 최선이다.

옛날에는 도시바 원자력 사업의 거액 적자, 최근에는 소프트뱅크의 미국 공유오피스 기업 투자 실패로 인한 급락이 있었다. 게다가 소프트뱅크의 적자 발표는 13일이었으나 급락은 19일에 일어났다.

주식투자로 자산을 형성할 때 철칙은 '큰 손해를 보지 않기'다.

그러므로 트레이딩 중의 이변에는 과감하게 대응해야 한다.

데이트레이딩에서 가치 손실이 발생했을 때 그 종목을 장기 보유하면서 손실을 확정하지 않는 사람들이 많다.

그러나 이것은 패배자의 행동이라고 해도 좋다.

스스로를 엄격하게 대하며 실패를 확실히 받아들이는 사람이야말로 투자에서 항상 승리할 자격이 있다.

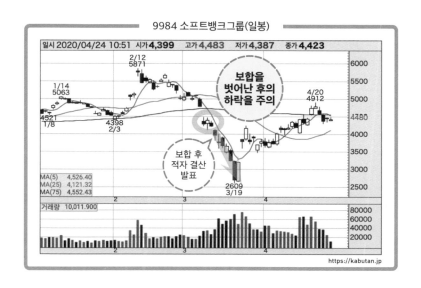

급변 시세에서는 자금을 분산해 적절히 대처한다

23

어떤 시세 환경에서도 주가는 종목에 따라 오르내림이 있으며, 완전하게는 예측할 수 없다. 투자에서 실패를 부르는 요인이기도 하다.

그래서 '계란을 한 바구니에 담지 말라'라는 격언과 같이 한 번에 모든 자산을 투자하지 않는 일이 중요하다. '주식을 사면 희한하게 주가가 내려간다'라는 일은 많은 투자가가 경험한다. 그렇다면 주식을 사면 더욱 저렴한 주가의 기회가 생기므로 거기서 더 매수하면 된다.

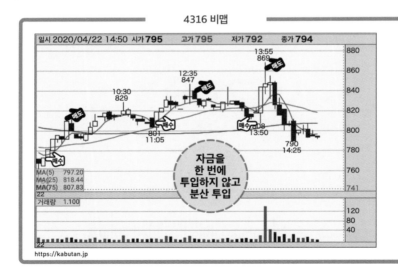

4316 비맵

주식 데이트레이딩의 신 100법칙

평균 단가를 낮출 수 있기 때문이다. 개인 투자자가 '사고 싶다'고 생각할 때는 그 주식이 인기를 얻고 있는 타이밍일 때가 많다. 시장에서 테마주, 인기 종목으로 보도되는 것을 보고 다 같이 산다. 거래량이 많을 때 매수하는 것이다. 그렇게 되면 고가 부근에서 사게 된다.

초반에 매수하면 주가가 더욱 오를 확률이 높지만, 매수한 시점에 이미 인기를 얻고 있으므로 그 후 예전에 매수했던 사람들의 매도가 나오기 쉽다. 주가가 잠시 내려간 시점에, 자신에게 그 종목의 가치 하락으로 인한 손실이 발생하기 쉬운 것은 그 때문이다. 자금을 한 번에 투입하지 않았다면, 주가가 더욱 내려갔을 때 추가 매수가 가능하므로 잠재적 손실을 그저 손 놓고 바라보고 있지 않아도 된다.

분산 투입으로 유리한 매수를 하기 위해서라도 모든 자금을 한 번에 투입하지 않도록 해야 한다.

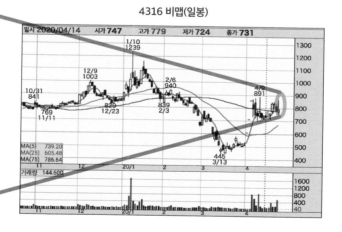

4316 비맵(일봉)

3장

트레이딩의 뒤에
숨은 세력의
의도를 간파하자

커다란 환희는 항상 비애로 바뀐다.
미겔 데 세르반테스

고집을 부리는 거래는 파멸의 원인이다.

합리적인 시세 형성이란 있을 수 없다

24

시세의 형성은 합리적인 듯하지만 사실은 그렇지도 않다.

합리적이란 가령 실적이 좋고, 업계 환경도 좋고, 사장도 인기가 있는 종목이 상승하는 경우를 말할 수 있다.

올라야 하고, 또 오를 듯한 종목이 오르는 것이다.

교과서적인 지식으로 말하면 그렇다. 아무도 실패하지 않는다.

그러나 실제로는 '흠이 있는' 기업이 적자나 무배당인 상황에서 약간의 재료만으로도 오른다.

더 이야기해 보자면, 시세를 움직이는 집단의 '올리자'는 의도가 최우선이 되기도 한다.

이것이 '오르는 주식의 최대 요소'다.

인기가 선행한다고도 할 수 있다.

그 인기조차도 나중에 따라온 것이며, '오르기 때문에 인기가 생긴' 것에 지나지 않는다.

주식 시장의 주가는 '비논리적'으로 형성된다고 해도 좋다.

예를 들어 코로나바이러스의 특효약이라고 알려졌으며, 총리도 인정한 아비간의 제조사 후지필름의 주가는 생산량 증가에 대한 지원이 보도된 후 단 이틀 동안 오르고 하락했다.

일반적으로 느끼는 주가에 대한 기대감은 시장에는 반영되지 않는다.

왜 그렇게 되느냐 하면, 분위기로 인해 주가가 상승했다면 그 뒤에
는 상승을 원하는 사람이 있기 때문이다. 세력의 개입이 없어지면 더
이상 상승을 위한 연출이 없어진다. 좋은 재료가 나와도 신선함이 없
기 때문에 그다지 상승하지 않고 끝난다.

이처럼 오르는 것이 당연해 보이는 종목에 이익 확정을 우선하는
움직임이 있는 한편으로 배후에서 세력이 작용하는 종목은 전혀 예상치
못한 주가를 보이기 쉽다.

이 구조를 알아두자.

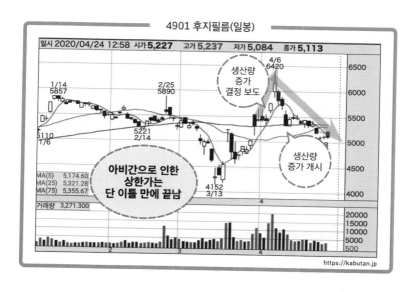

올라야 할 재료인데
내리는 이유를 안다

25

여기에 지금 유행하는 웹 회의, 원격 근무 종목이 있다.

시장에서 '온라인 비즈니스'가 트렌드 되었기 때문에 이 종목도 유망 종목이 되어 주목을 받았다.

그러나 개인 투자자들이 '그래?' 하고 매수에 나설 때쯤에는 주가가 계속해서 하락하게 되었다.

'안 되겠다' 하고 손절하자, 갑자기 다시 올랐다.

이렇게 움직이면 난감하다.

아주 유망한 종목임에도 시원하게 올라주지 않는다.

말하자면 수익을 내주지 않는다.

왜 이렇게 되느냐 하면, '아주 유망'하기 때문에 펀드는 물론이고 개인 투자자 등의 매수가 몰려 매수 강세가 되면서 '무거운 종목'이 되기 때문이다.

특히 개인 투자자들은 앞으로의 주가 상승을 노리면서 이익을 기대하지만, 돈은 그렇게 쉽게 벌리지 않는다.

그 뒤에는 분명 세력이 있다.

세력은 어느 순간 매수를 완전히 멈춘다.

매수가 적어지면 주가는 계속 내려간다.

경험이 적은 개인 투자자들은 '이게 뭐야' 하고 실망해서 내던진다.

그러면 종목이 가벼워진다. 매수해서 매달려 있던 투자자들이 적어지기 때문이다.

인기 종목은 이것과 비슷한 움직임을 보이는 일이 많다.

주가가 생각과 다르게 움직일 때 헛된 손절이나 던지기를 하지 않기 위해서도 주가의 리듬을 알아둬야 한다.

재료에 의지하는 상승에 무심코 올라타지 않는다

26

세력의 영향이 보이는 종목의 움직임은 리스크가 매우 크다.

거래량과 주가가 함께 이리저리 움직이는데, 예측이 어렵다.

매력적인 상승에 '이거다' 하고 올라타면, 더 이상 상승하지 않는 시점이어서 상투를 잡게 된다.

세력이 이익을 확정하는 타이밍인 것이다.

한동안 하락이 이어지는데, 연출된 급락이 일어난다.

나중에 진입했던 사람들은 이 시점에서 손절하고 물러날 수밖에 없다.

한동안 주가는 침체되어 있다가 이윽고 상승하기 시작한다.

거기서 세력이 다시 매수하기 시작한다.

하락할 때 매도하면, 마치 기다렸다는 듯 다시 매수하는 사람들이 쇄도한다.

그야말로 사투. 시체가 산처럼 쌓인다.

상승세가 관찰되고 수익이 날 듯한 종목, 그중에서도 신흥 소형 종목은 조심해서 진입하지 않으면 세력의 먹잇감이 될 수 있다.

상대방은 프로 중의 프로다.

어떻게 하면 개인 투자자들을 함정에 빠뜨려 잡아먹을 수 있는지, 어떻게 하면 개인 투자자들의 자금을 빼앗을 수 있는지 속속들이 알고 있다.

명확하고 납득할 수 있는 재료가 없이 그저 상승했을 때이다.

단순히 '상승 자체가 곧 재료'인 종목의 움직임은 조심해야 한다.

종목에 대한 이해가 없는 만큼 하락에 대한 공포가 커진다.

매도가 매도를 낳는다.

잘 풀리지 않게 되는 것이다.

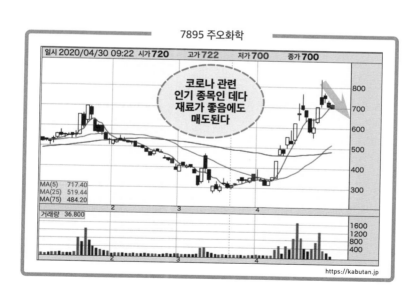

결산 전후 시기는
조심한다

27

　이매망량(온갖 요사스러운 도깨비)이 모여 있는 주식 시장. 특히 세력 계열의 종목은 조심해서 다뤄야 한다.

　'결산을 끼고 그 전후로 거래하면 실패한다'라는 말은 요즘에는 인터넷에도 자주 나오기 때문에 많은 사람이 알고 있을 것이다.

　여기서는 한발 더 나아가 각 결산 후의 주가를 조심하라는 이야기를 하고자 한다.

　특히 위험한 것이, 결산 내용이 좋을 때다.

　결산 내용이 좋을 것으로 그전부터 예상되었다면 시세는 결산 발표 전부터 오른다.

　이 주가 상승에 '좋은 결산'이 이미 들어가 있는 것이다.

　그래서 실제 결산에서 좋은 수치가 나와도 거기서 더 오르지 않게 되기가 쉽다.

　여기가 조심할 부분이다.

　좋은 결산이 나온 다음에도 여전히 좋은 재료가 있는가?

　없다.

　그래서 주가는 떨어진다.

그렇다면 오히려 나쁜 결산이 예상대로 나왔을 때 주가 침체에서 탈출하기 쉽다.

안심하고 매수할 수 있으므로 반대로 주가가 오를 가능성이 높다.

시장이란, 주식이란, 그야말로 청개구리라고 해도 좋다.

무서운 재료가 튀어나와도, 그 뒤에 좋은 상황이 예상된다면 오히려 기회가 된다.

이런 구조, 주가가 움직이는 경향만큼은 알고 트레이딩을 하자.

시장에 날뛰는 세력들의 음모를 알아두는 것이 좋다.

'적을 알고 나를 알면 백전백승'이다.

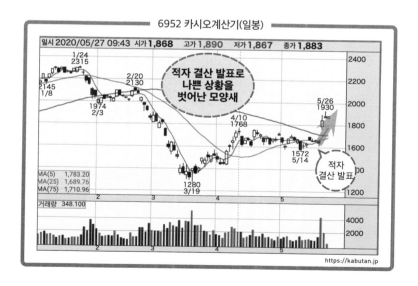

결산 내용이 좋은데 매도되는 이유

이것은 《주식의 신 100법칙》에도 썼는데, 막상 데이트레이딩에 임할 때는 완전히 잊어버리는 사람이 많은 내용이어서 다시 언급하고자 한다.

종종 기업의 실적이 호전되거나 예상치 못했던 의외의 실적이 발표되면 주가는 일시적으로 상승한다.

또는 이미 상승해 있다.

그러므로 실적 호전이 발표된 다음 날 주가는 다시 오르기도 하지만, 그다음 날은 금세 이익 확정이 이루어지기 쉽다.

주가가 하락하는 것이다.

이때 먹잇감이 되지 않기 위해 적당한 때에 주가 변동의 이익을 취하고 청산하도록 권하는 바다.

다만 이것은 실적이 의외로 좋은 경우이며, 실적이 그럭저럭 좋은 경우에는 그날 중으로 주가가 하락한다.

왜 그렇게 될까?

시장에는 '컨센서스'라는 것이 있다.

시장에서 조사하고, 펀드나 기관 투자자에게 정보를 제공하는 사람들이 실적 예상을 내놓는 것이다.

그 사람들이 수익을 낼 수 있다고 생각하는 '다음 결산 예상 수치'다.

실적이 그럭저럭 좋은 정도에 불과해서 컨센서스의 높은 기준을 뛰어넘지 못하면, 알고리즘으로 짜인 데이터는 매도를 지시하게 된다.

데이트레이딩이든 스윙이든, 이러한 기관 투자자나 펀드의 컴퓨터로 짜인 '명령'을 알아두지 않으면 턱없이 큰 손실을 보게 된다.

데이트레이딩에는 수많은 기회가 있지만, 이러한 손실 요소도 확실히 이해하고 하락에 대응해야 한다.

주가에는 그때 시세의 분위기도 반영된다.

그러나 알고리즘이라는 냉철한 컴퓨터 매매가 활약하는 지금, 주가는 매우 기계적으로 움직인다는 사실을 알아두자.

남들보다 늦게 진입하고 일찍 물러난다

29

개인 투자자가 자주 범하는 잘못은 '인기 종목을 늦게 좇아가는' 일이다.

이렇게 하면 '매수하고 손해, 매수하고 손해'의 연속이 된다.

투자한 돈이 점차 줄어드는 것은 그 때문이다.

횡단보도를 안전하게 건너는 법을 알고 있는가?

바로 '녹색불로 바뀌었다고 바로 건너지 말고, 남들보다 조금 늦게 건너기 시작하고, 남들보다 서둘러서 먼저 건너가는' 방법이다.

이것은 무슨 뜻일까?

교통사고를 당할 확률이 매우 낮아진다는 뜻이다.

이 방법은 성공 확률이 높은 트레이딩 스타일에도 응용할 수 있다.

움직임이 없는 종목, 인기가 높지 않은 종목을 매수하면 금방 수익이 나지 않을 가능성이 있다.

데이트레이딩에는 적합하지 않다.

그러므로 '인기가 생기기 시작했다'는 신호를 확인한 후 트레이딩을 시작한다.

그러나 상한가와 같은 큰 이익 폭을 노리지 않고, 적당한 이득을 취한 시점에서 이익을 확정하고 철수한다.

이것이 '횡단보도를 안전하게 건너는 법'이며, 실패가 적은 트레이딩 방법이다.

더 큰 돈을 벌고 싶은 사람도 있겠지만, 그러기 위해서는 한 번에 매수하는 규모를 늘려야 한다.

인기 종목의 호가창 정보를 보면 알 수 있지만, 주가가 크게 상승한 후에는 큰 확률로 이익 확정을 위한 매도가 나온다.

그것은 펀드들이 '적당한 시점에 매도'하기 때문이다.

그런데도 떨어진 주가가 다시 회복될지 모른다고 욕심을 부리며 계속 보유하고 있으면, 그저 매수할 당시 수준으로 돌아올 뿐이다. 트레이딩을 하는 보람이 없어지게 된다.

'욕심을 부리는 트레이딩'을 하지 않도록 간곡히 충고하는 바다.

굉장한 재료가 있는데도 시가보다 더 오르지 않는 이유

30

굉장한 재료가 나타나면 투자자들은 '이런 행복이 또 있을까'라는 기분마저 느낀다. 투자자의 마음은 기쁨으로 가득 차게 된다.

그 시점에서 상한가라도 기록하면 분명 천재일우의 기회를 만났다고 생각하게 될 것이다.

그러나 마냥 좋아하고 있을 때가 아니다.

소형이든 대형이든, 폭발적인 매수가 며칠씩 지속되는 일은 그다지 없다.

모두가 모두를 의심하며 거래하므로, 어느 정도의 잠재적 이익이 발생하면 이익을 확정하고 만다.

상한가 부근에서 매수하는 것은 다음 날도 상한가가 되거나 최소한 더 상승할 것이라고, 다시 말해 수익을 낼 수 있다고 생각하기 때문이다.

그러나 상한가는 목표 달성 지점이 되기 쉽다. 다음 날은 아침부터 약하게 시작하는 경우마저 적지 않다.

왜냐하면 상한가에서 상투를 잡은 사람이나 그보다 전에 산 사람들이 '수익을 낼 수 있을 때 팔자'라고 생각하고 있으므로, 약세가 관찰되면 다들 황급히 매도하기 때문이다. 그래서 트레이딩 중에 상한가를 칠 듯한 움직임이 나타났을 때 그 기세를 믿고 구입했다 해도, 상한가를 기록한 시점에서 물러나야 실패가 적다.

그날 밤 갑자기 주가를 하락시키는 재료, 또는 더 강력한 악재가 나오지 않는다는 보장이 없기 때문이다.

'내일 돈을 벌 것이라는 기대'는 불확실한 요소일 뿐이다.

'오늘의 이익'을 확정해야 한다.

지나치게 기대하지 않는 것은 주식에서 확실하게 성공하기 위한 습관이다.

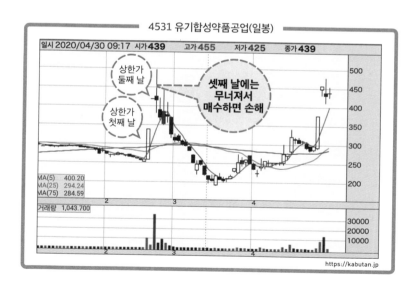

알 수 없는 움직임에 이익이 있다

31

주가의 움직임에서는 사실 '미확인 정보'가 매력 있다.

'이유는 알 수 없지만 오르고 있는' 주가에 온갖 예측이 펼쳐진다.

'알고 나면 끝이다.'

주식에는 이런 격언이 있다.

자사주 매입이나 주식 분할의 경우는 주가가 오를 때 나름대로 호재가 반영되어 있지만, 주가 급등의 유통기한은 의외로 짧다.

주가는 어떤 재료가 있어도 대체로 급등 2, 3일 전, 심할 때는 1주일 전부터 오르기 시작한다.

내부 사정을 잘 아는 사람들이 발 빠르게 소식을 들은 것이다.

좋은 결산 내용, 분할, 자사주 매입이다. 이런 일들이 완전히 비밀 속에서 이루어지는 경우는 그다지 없다.

반드시 새어나간다고 생각하는 것이 낫다.

그래서 '사정은 모르지만, 이유는 모르지만, 주가가 오르는' 상황이 된다.

그 배경에는 이윽고 표면으로 드러날 호재의 존재가 있다.

'영문은 모르지만 오르고 있는' 종목을 발견했다고 하자.

정보는 없지만 차트에 드러난다. 거래량이 늘고 있다.

이것이 **사실 매수 타이밍**이다.

거기에 차트를 읽고 차트를 감시하는 의미가 있으며, 또 보람이 있다.

확실하게 뒤를 좇자.

세력은 항상 남들이 모르는 사이에 매수하고, 매수가 끝나고 나면 정보를 흘려서 남들의 매수를 유도한다.

이 구조를 확실히 이해해야 한다.

주가의 이변을 한발 먼저 감지하자.

이 꾸준한 노력과 습관에는 성과가 있다. 이것들은 주식에서 이기기 위한 조건이다.

폭등 뒤에는 하락이 있다

32

주가가 급등할 때에도 방심은 금물이다.

매수 뒤에는 매도가 있다.

이것이 시장의 상식이다. 주가의 파동에서 항상 일어나는 일이다.

급등과 하락에 나름대로 재료가 있어도 그 유통기한은 짧다.

이 책을 쓰고 있는 도중 코로나바이러스 치료제 '아비간'에서 효과가 관찰된다, 기대가 된다, 치료를 실시하고 있다고 총리가 말했다는 뉴스가 나왔다.

게다가 세계 50개국과 협상 중이라는 보도도 있었다.

매우 큰 뉴스다.

그러나 앞에서도 말했듯 주가의 유통기한은 이틀이었다.

제조사인 후지필름의 주가는 크게 올랐지만 상한가까지는 가지 못하고, 원료를 만드는 덴카(구 전기화학)의 주가는 이틀에 걸쳐 상한가를 기록한 후 그다음 날 하락했다.

세계를 구할 대단한 재료도 이 정도다.

게다가 덴카의 주가는 사흘에 걸쳐 계속 떨어졌다.

잘 보고 배워야 한다.

이것이 주가다. 인기 종목의 움직임이다.

큰 재료가 있는 주가도 이렇다.

재료를 과신하면 한 방 먹는다.

시장은 새로운 것을 좋아한다. 같은 재료를 가지고 며칠 동안 계속 매수하는 사람은 없다.

'이거 굉장한걸' 하고 뒤늦게 달려든 사람들은 반드시 낭패를 보는 것이 주식의 세계다.

정보에 어두운 패배자에게는 가망이 없다.

한밤중이라도, 새벽이라도, 정보를 지켜보는 사람이 이기는 것이 주식의 세계다.

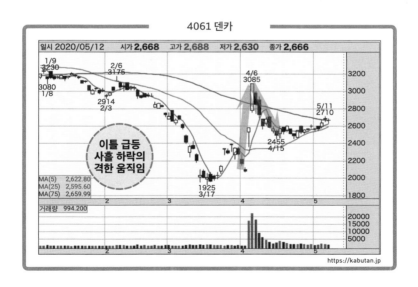

4061 덴카

4장

돈이 벌리는
테마와 종목을
파악한다

지혜로운 자는 망설이지 않고,
어진 자는 근심하지 않고,
용맹한 자는 두려워하지 않는다.

가장 강한 자가 살아남는 것도 아니고,
가장 똑똑한 자가 살아남는 것도 아니다.
유일하게 살아남는 것은 변화하는 자다.
찰스 다윈

트레이딩을 할 때는 큰손들의 흐름을 파악하자

33

지금 진입할 종목으로는 무엇이 좋을까.

그것을 아는 일은 트레이딩에서 중요하다.

도쿄 증권거래소의 트레이더들은 대부분 큰손이다.

정보, 테크닉, 자금량.

무엇 하나 개인 투자자가 이길 수 있는 부분이 없다.

아무리 허세를 부려 봐도 당랑거철이나 마찬가지다. 힘없는 자가 강자에게 맞서는 일은 의미가 없다.

우선 자신의 처지와 실력을 알고 나서 덤벼야 한다.

특히 적은 자금으로 트레이딩할 때 독단으로 투자하면 크게 데일 뿐이다.

남들을 앞질러서 매수하면 실패는 적지만, 언제 움직일지 알 수 없는 종목에 손을 대 봤자 그다지 재미는 보지 못한다. 최소한 데이트레이딩에는 맞지 않는다.

앞에서도 말했지만 '늦게 진입하고 일찍 물러나는' 방법이 여기서 효과적이다.

큰손들은 자금이 많기 때문에 진입할 때도 규모가 크지만 물러날 때도 규모가 크다.

그러나 알고리즘으로 조금씩, 알아차리기 힘들 정도로 빠르게 매매하기 때문에 눈에 잘 띄지 않는다.

그렇다고 해도 호가창을 보면 상승할 때 활발하게 매수하므로 발견할 수 있고, 5분봉을 보면 주가의 방향을 알 수 있다.

개인 투자자의 단기 트레이딩은 그 주가의 방향에 맞추면 된다.

가능하면 거래단위를 크게 잡고, 소폭이라도 수익이 어느 정도 확보되었을 때 재빨리 이익을 확정하고 후퇴한다.

말하자면 '묻어가는 거래'다.

큰손들의 매매를 따라가며 약삭빠르게 돈을 벌어야 성공할 확률이 높다.

흐름에 순응하는 방식으로 단기 매매하면, 크게 실패하거나, 움직임이 완전히 멈춘 종목을 끌어안고 애를 태울 일이 없다.

즐거운 트레이딩이 보장된다.

항상 새로운 재료가 유리하다

34

데이트레이딩에서는 어떤 테마를 노릴지도 중요하다.

첫째 표적은 '신선한 종목'이다.

이 책을 쓰고 있는 시점에서는 텔레워크와 온라인 진료 종목이 움직이고 있다.

재택근무에 필요한 까닭에 부상한 텔레워크는 코로나 사태가 수습된 후에도 세계적인 흐름으로 계속될 전망이다. 이 전망은 주가에도 반영되었다.

원격의료의 수단으로 필요했던 온라인 진료가 이번에 일본에서 허가된 것도 호의적으로 받아들여지고 있다.

또 마스크가 부족해 가게 앞에 줄을 서도 살 수 없었던 시점에서는 '천 마스크'가 화제가 되었다. 집에서 쉽게 천 마스크를 만들 수 있다는 이유로 재봉틀 관련 종목이 주목을 받았다.

예전에 한동안 재봉틀 종목 등에 움직임이 없었기 때문에 이 현상은 인상이 강렬하다. 신선하다. 이것이 주가 변동의 참맛으로 이어진다.

나아가 온라인 교육, 온라인 노래방 기계 대여, '집콕' 스트레스 해소를 위한 아웃도어 관련 등 트렌드 종목은 마치 연상 게임같이 줄줄이 펼쳐진다.

그리고 다른 나라들보다 한발 먼저 코로나19를 극복한(적어도 그렇게 자부하는) 중국의 경제 회복에 대한 기대로, 코마츠와 히타치 등 중국 내 생산이나 판매의 비율이 높은 종목이 움직이고 있다.

잠시 때를 기다리고 있던 5G 관련 종목도 움직이고 있다.

물론 5G와 연결된 반도체 관련 종목도 순서를 기다리고 있다가 오를 것이다.

긴급사태 선언 해제 후에는 사람들의 움직임에 맞춰, 바닥을 쳤던 여행과 항공 관련 종목이 움직일 것이다.

소매업도 예외가 아니다.

큰손들도 이러한 테마 종목의 흐름을 노린다.

이 흐름을 주시하자.

그 파도에 잘 올라타서 재빠르게 이익을 취하는 스타일이 데이트레이딩의 비결임은 틀림없다.

매일 뉴스에서
흐름을 느끼자

35

주가의 변동을 보면, 주가는 매일 다양한 뉴스로 인해 움직인다.

예를 들어 온라인 진료의 경우도 일본의사회가 '초진만큼은 대면 진료를 실시하지 않으면 정확도가 낮아진다'라며 저항했으나, 후생노동성이 온라인 초진에도 상응하는 보수를 지불한다고 명확히 밝힌 다음 날, 메들리, 메드피어, MRT 등 온라인 진료 관련 종목이 급격히 움직였다.

의사회의 바람에 후생노동성이 응답하면서, 양쪽의 손발이 척척 맞아 온라인 진료가 확대될 것을 의식한 주가의 움직임이다.

나아가 유가 급락에 제동을 걸기 위해 러시아 대통령과 미국 대통령이 감산에 대한 전화 회의를 했다는 뉴스가 나오면서, 원유 관련 종목이 움직였다.

유가 급락이 저지될 것을 의식한 매수다.

이처럼 큰손이든 소규모든 주식을 거래하는 사람들은 뉴스와 거기에 포함된 기업 관련 동향에 민감하다.

개인 투자자들이 주식의 세계에서 싸우기 위해서는 큰 뉴스든 작은 뉴스든 놓치지 않고 수집하는 노력이 필요하다.

트레이딩 속의 국면에서 '왜 이 주가가 이렇게 움직일까?'라며 어안이 벙벙해 있다가는 실패가 확정된다.

트레이딩은 아침 9시부터 실시하지만 실제로는 한밤중의 뉴스, 인터넷 정보, 미국의 동향 등 그 전부터 시작된다.

이러한 마음가짐으로 트레이딩에 임하지 않으면 투자의 성공률이 낮아진다. 분명히 패자가 된다.

6095 메드피어

손때 묻지 않은 종목은 큰손들이 노린다

36

주가 변동과 큰 관련이 있는 재료는 '신선함'이 생명이라고 할 수 있다.

우리 개인 투자자들의 주식 매매에서는 '의외성' '신선함'이 매수 욕구를 일으킨다.

어느 날 갑자기 주가가 오른다.

한 박자 늦게 인터넷 등에서 재료처럼 보이는 것들이 쏟아져 나온다.

'아, 그래?'

뉴스를 보고 고개를 끄덕인 그 순간, 수많은 매수가 모여든다.

인기 종목은 항상 이런 형태로 만들어진다.

게다가 차례차례로 만들어진다.

그럴싸한 근거와 재료가 등장하지만, 아마 그 배후에는 세력이나 큰손들의 의도가 숨어 있을 것이다.

도쿄 증권거래소 종목들은 무엇이 됐든, 열심히 찾아보면 뭔가 재료가 있을 것이다.

그럼에도 평소에는 그다지 주목을 받지 못하다가 순서대로 타이밍

좋게 재료가 발굴된다.

펀드와 세력에 있어, 주가를 움직일 재료가 떨어질 일은 없다.

주식 시장은 보물더미와도 같다.

그 보물에서도 중요한 것은 '신선함' '트렌드'다.

개인 투자자의 승패는 그 트렌드인 재료에 얼마나 신속히 반응하느냐로 갈린다.

지금은 장기 투자로 차분히 돈을 버는 시대가 아니다.

컴퓨터 매매 알고리즘이 활개 치는 시장.

반년 뒤, 2년 뒤는 어찌 됐든 상관없다.

오늘, 지금 시세가 어떻게 될지가 중요하다.

거기에 주가 변동의 재료가 쏟아진다.

그 에너지의 파도에 확실하게 올라타서, 썰물이 오기 전에 이익 확정이라는 형태로 트레이딩을 마친다.

그 반복이 데이트레이딩이다.

이 사실을 알면 주식에서 성공하는 일은 그렇게 어렵지 않을 것이다.

테마주는 몇 번이고
진입하기 쉽다

37

　재료는 얼마든지 있다고 해도, 그때그때 최대의 테마는 그렇게 많지 않다.

　집필 중인 현재, 최근의 테마는 이 정도다.

- 코로나19 대책
- '집콕' 관련
- 텔레워크 종목
- 배달 기업들
- 백신 개발, 치료제
- 검사 관련
- 5G 관련
- 경제 회복 관련

아마 그 한가운데에 있는 종목 중 하나는 닌텐도일 것이다.

　'동물의 숲'이 게임이 닌텐도 스위치 게임 중 가장 높은 매출을 기록하는 등, 집콕의 시대에 아이와 어른 모두에게 인기를 얻고 있다.

　이 재료에 달려들지 않는 펀드나 투자자는 없다. 그 주변 종목, 즉 게임 주식이나 집콕 관련 기업이 부상하며 주가가 움직이고 있다.

아마 인류는 이 바이러스에서 수많은 교훈을 얻고 후세를 위한 삶의 방식을 생각할 것이다.

코로나19가 수습된 후 세계 경제의 형태는 달라질 것이다.

그것을 한발 앞서 감지하고 '코로나와 연결'해 트레이딩할 필요가 있다. 인류는 이 수많은 경험을 무시할 수 없다.

한편으로는 지구온난화가 불러올 자연재해도 다시 맹위를 떨칠 것이다. 그것은 그때 새로운 재료가 되어 마주하게 될 것이다.

오늘날 시장, 인류, 만만히 볼 수 없는 시련을 몇 번이고 겪을 것이다. 지혜와 행동, 삶의 방식이 재료가 되고 주식 시장의 테마가 될 것이다.

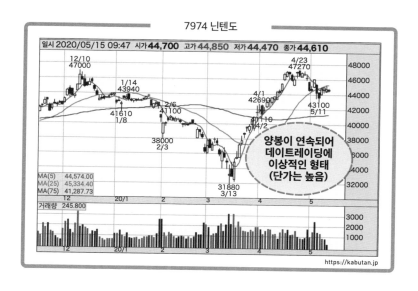

주가 변동의 주도권은 큰손들에게 있다

38

주가 변동의 주도권을 쥔 것은 큰손들이다.

적은 자금으로 싸우는 우리 개인 투자자들이 분하게 생각해도 어쩔 수 없는 일이다.

큰손들은 마치 당연한 듯 '밀고 당기기'를 반복한다.

게다가 마치 차트를 테크니컬 분석한 교과서를 따라 하듯 시세를 만들어낸다.

'차트 장인'이라는 말이 있을 정도인데, 이렇게 차트의 분석을 잘 활용하며 주가의 움직임을 그려내면 사람들에게 쉽게 주목을 받는다.

투자자들에게 '그렇구나. 여기서 떨어지는구나'라고 납득시키고, 급등할 때가 와도 '역시 급등이 왔구나'라고 생각하게 만들어서 주가의 움직임을 능숙히 조종한다.

차트는 만능이 아니지만, 그래도 차트는 중요하다.

'차트는 과거의 것'이라고 야유하는 사람들도 있다. 그러나 에도 시대의 쌀 시세에서 시작해 항상 시장의 경험적 규칙으로 이용되어 온 주가 변동의 경향을 절대 무시할 수 없다. 오히려 잘 활용해야만 한다.

주가 변동의 양상을 높은 확률로 예측하기 위해서도 차트를 활용하자. 시세는 이 점을 잘 이용해서 형성되며, 주가 변동이라는 형태로 반복되기 때문이다.

큰손이라고 말하면 무언가 거대한 힘이라고 생각할지도 모른다. 그러나 실체를 보면 '양복 입은 월급쟁이들'이다.

두려워할 대상이 못된다.

그 평범한 월급쟁이들에게, 자기 돈을 써 가며 승부하는 우리들이 패배해서는 안 된다.

이 책을 읽고 승리를 위한 '무기'와 '작전 기술'을 길러서 항상 승리하기를 바란다.

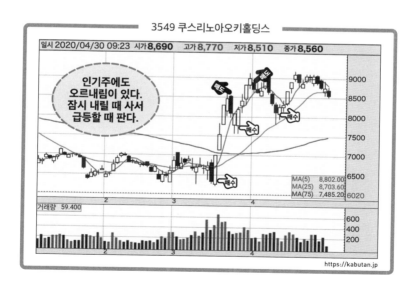

주가 회복을
과대평가하지 말라

39

시장의 흐름을 따라가지 못하면 주식 시장에서 살아남을 수 없다.

큰손들이 시장을 주름잡고 흐름을 만들어낸다. 아무리 실적이 좋은 우량 종목이라도 시장이 '전시'일 때는 인기가 없는 종목, 무시당하는 종목이 되기 일쑤다.

코로나19로 주식 시세가 격변한 후, 주요 기업들은 모두 상당한 타격을 입었다.

제조사들의 서플라이 체인이 붕괴하고, 서비스업은 휴업과 축소를 겪어야만 했다. 사람들이 이동하지 않아 여객업은 파탄 상태다.

코로나19가 수습된 후에도 실적에 대한 타격은 매우 클 것이라고 각오해 둬야 한다.

2, 3년, 또는 그보다 더 장기간 부정적인 영향을 계속 미칠지 모른다.

'언제 우량주로 돌아갈까?'

기대도 있겠지만, 전 세계가 코로나19에 시달리고 있으므로 원래의 성장 궤도, 확장 궤도로 돌아가는 일은 쉽지 않을 것이다.

물론 '최악은 벗어났다'는 의미에서 주가 회복은 있을 것이다.

그러나 그것은 일시적인 회복에 지나지 않는다.

기업의 실제 성장이 아니다.

가령 지금 화제인 5G 관련 기업들이라도, 코로나 이전의 상태로 돌아가려면 얼마나 걸릴지 알 수 없다.

예전 서브프라임 모기지 사태 후에도 금융을 비롯한 분야들의 기업 실적이 다시 성장 궤도에 오르는 일은 쉽지 않았다.

그 점을 확실히 받아들이고 나서 종목을 선택하고 투자 작전을 생각해야 한다.

어설픈 기대와 막연히 낙관적인 생각으로 종목을 선택하면, 예상이 엄청나게 빗나갈 가능성이 있음을 명심해야 한다.

다만 장기 투자는 다르다. 시장이 가라앉은 지금이 매수 시점이라고도 할 수 있다.

상한가가 다음 날도 나올 것이라는 보장은 없다

40

　요즘 장세를 보면, 재료가 시기적절하면 금방 반응이 나와 매수가 몰리고, 비교적 쉽게 상한가를 기록한다. 그러나 이 움직임은 어디까지나 '재료에 대한 부화뇌동'이지 정상적인 인기는 아니다.

　마치 두더지 잡기 게임과 같이, 재료가 나타나면 사람과 돈이 모여들 뿐이다. 그러나 성장하는 기업이 아니라 '당장의 호재'에 불과하므로 수명이 짧다.

　모여들 때도 빠르지만 도망칠 때도 빠르다.

　말하자면 도박과도 같은 시세다.

　'그런 종목에는 손대고 싶지 않다'

　그렇게 생각하는 것이 타당하지만. 지금 정석대로 움직이는 '국제 우량 종목'은 드물다.

　그래서 당장의 작전으로써 그때그때 인기 종목에 자금이 몰린다. 투자자들이 움직인다.

　그런데 평화시가 아닐 때에는 표적이 어지럽게 바뀐다.

　예를 들어 코로나의 특효약을 내놓았다는 소식으로 인기를 얻은 후지필름의 경우, 미국의 한 신용평가회사는 등급을 하락시켰다. 실적에 대한 치료제의 기여도가 크지 않다는 판단이다.

확실히 약품 매출의 실적 기여도는 그다지 높지 않을 수 있다. 등급 하락은 이해할 수 있으나, 그 재료에 몰려들었던 투자 자금은 관련 종목에서 썰물처럼 빠져나갔다.

어떤 재료든 신용평가회사가 찬물을 끼얹지 않는지 살펴볼 필요가 있다.

만약 부화뇌동에 편승하는 방식을 택한다면 '단기 승부'로 임해서, 항상 그다음 순간의 시세를 생각하며 트레이딩해야 한다.

'전시에서 평화시로.'

그날을 기다리며 유연하게 대응해 나가자.

8285 미타니산업

상한가로 매수한 사람은 다음날 모두 손해를 본다

큰 흐름은
거스를 수 없다

'수익이 나겠다' '보유하면 가치가 오르겠다'라고 사람들이 생각하면, 주식 시장에 흘러드는 자금은 불어난다.

그래서 시장 환경이 좋으면 매매 대금이 증가한다.

그러나 큰손들이 '리스크 오프', 즉 일부러 리스크를 감수할 여건이 안 된다고 판단하면 자금은 주식 시장에 흘러들지 않는다.

이 움직임을 피부로 느끼며 트레이딩하는 것이 중요하다.

다만 그런 시기에 거래량이 없느냐 하면 그렇지는 않다. 가격 변동이 큰 소형 종목들에 자금이 집중되기 쉽다.

거래량이 약간만 변해도 주가의 기복이 심하므로, 알고리즘으로 움직이는 거래에서 차익을 취하기 쉽기 때문이다.

큰 펀드들도 이런 소형주 거래에 참여한다.

그 때문에 한산한 장세에서도 상한가 종목이 꽤 많아진다.

이 움직임에서 주의할 부분은 큰손들의 트레이딩은 2엔에서 5엔의 작은 차익을 노린다는 것이다. 다만 거래량이 어느 정도 받쳐준다는 것이 전제가 된다.

개인 투자자들처럼 상한가를 기대하고, 다음 날은 그보다도 더 오를 것을 노리는 불확실성 높은 거래는 하지 않는다.

상대방이 그렇게 거래하므로, 거기에 이기기 위해서는 소폭 변동했을 때 이익을 확정할 수밖에 없다.

적보다 한발 앞서는 매매 방법이 필요하다.

물론 대형 종목이 전혀 움직이지 않는 것은 아니므로, 그때그때 테마 종목에도 집중해서 투자한다.

큰손들이 노리는 종목에 함께 올라타는 기민한 행동이 필요하다.

4장 돈이 벌리는 테마와 종목을 파악한다

닛케이의 동향은 거의 모든 종목에 영향을 준다

신흥 시장의 소형 종목이나 일부 세력주 계열의 종목은 별개로 치고, 거의 모든 종목은 닛케이 평균 주가, TOPIX 지수와 연동되기 쉽다는 점을 명심해야 한다.

'내가 거래하는 종목은 소형 재료주라서 시장의 약세와는 상관없다.'

그렇게 생각하고 거래하면 실패가 많아진다.

아무리 이익 폭이 커도 평균 주가가 약세일 때는 '도망칠 틈'을 찾는 쪽이 현명하다.

다만 세력주 계열의 종목은 시장이 침체된 시기에 더욱 주목받도록 설계되는 경우가 있다.

세력의 중심인물은 '도망칠 틈'을 찾으면서 또는 중요한 고객들을 도망치게 하면서 주식을 매수한다.

평균 주가의 움직임은 시장의 강세와 약세의 반영이므로, 시장이 침체되었을 때 굳이 자금을 투입했다가는 손실이 불어날 가능성이 있다.

그래서 평균 주가가 하락할 때 자금을 최대 규모로 투입하는 일은 권장하지 않는다.

시장 여건에 맞는 자금 관리가 투자의 성공을 좌우한다.

시장이 리스크 온(시장에서 낙관론이 강해져 리스크가 큰 자산에 투자가 집중되는 현상)이 되어 거래량이 급증하고 주가가 급등하는 상황에서는 소폭 이익 확정을 전제로 하면서 거래단위 크기로 승부하는 것도 좋을 것이다.

장세가 명확한 우상향일 때는 외국 자본 등의 자금도 많이 유입되므로 기회가 늘어난다.

이러한 시장 환경의 변화에 민감하게 대응하는 일이 중요하다.

큰손들의 움직임과 생각을 읽어낸다

42

프로 큰손들은 차트의 거래량을 보고 나름대로 전망을 가진다.

절반 회복, 3분의 2 회복.

이러한 기준을 중시한다.

주가는 계속 오르내리면서 하나의 방향을 향한다. 목적지 없이 마구 움직이지 않는다.

주가의 상대적인 상승과 하락.

'일목균형표에서 구름대를 벗어남' 등의 기준을 참고하며, 장세를 읽고 매매를 판단해 트레이딩한다.

'스톡보이스'라는 주식 시장 전문 방송이 있다.

TV와 인터넷으로 볼 수 있으며, 실시간으로 주식에 관련된 재료와 테크니컬에 관한 해설을 방송한다.

증권업 종사자와 관련 분야 프로들이 직접 해설하기 때문에 큰손들의 사고방식이 잘 반영된다.

얻는 것이 많은 방송이므로 부디 트레이딩에 참고가 된다.

재료와 시세에 대한 관점은 프로들의 생각을 반영하며, 그 생각은 그날 시세에 명확히 영향을 미친다.

종목에 대한 재료도 자주 등장한다. 업계 비밀이라고 할 정도는 아니지만 그 분야 사정을 잘 아는 사람들의 사고방식과 시세에 대한 관점은 알 수 있다.

이러한 식견을 확실히 배워서 시장에서 활용하자.

또 인터넷에 거의 실시간으로 정보를 제공하는 '가부탄(株探)'의 뉴스도 빼놓을 수 없다.

스톡보이스
https://www.stockvoice.jp
TV에서는 TOKYO MX2(간토지역), 산테레비(간사이지역), 미에TV(주쿄지역)에서 볼 수 있다. 인터넷에서는 야후 파이낸스에서 스트리밍한다.

가부탄(株探)
https://kabutan.jp
주식 정보, 속보, 투자가 칼럼 등의 정보가 가득하다. 이 책에 실은 차트도 여기서 발췌했다. 무엇보다 보기 쉽고 사용하기 쉽다.

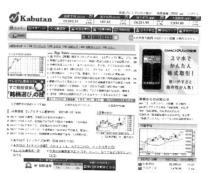

43

인터넷만 보지 말고 거리로 나가라

집에서 데이트레이딩을 하다 보면 화면만 쳐다보면서 다른 일에는 눈을 돌리지 않게 된다.

좋지 않은 일이다.

운동 부족으로 혈액순환이 나빠지면 머리가 굳는다.

감정적인 트레이딩을 하고 만다.

그런 일을 피하기 위해 필자는 일부러 거리를 걷는다.

거리에는 편의점, 식당, 부동산중개사무소, 채소 가게, 이발소, 미용실, 세탁소 등 다양한 정경이 있다.

필자는 그곳에서 정보를 얻는다.

주가는 기업 활동의 반영이다.

그 생생한 경제가 거리에 나타난다.

길을 걷는 사람들, 부모와 아이의 몸짓을 통해서도 지금 무슨 일이 일어나고 있는지 알 수 있다.

그렇다.

주가 변동의 소재는 거리에 있다.

사람들의 움직임에 있다.

그것을 피부로 느끼는 일이 주식 매매에 성공하는 열쇠다.

경제 현장을 본다.

아파트 건설 현장이 있으면 주목한다.

일하는 사람들의 움직임을 본다.

무엇을 먹는지 본다.

모든 정보를 배경으로 주가는 움직인다.

인터넷에만 파묻혀 있으면 주식 시장의 흐름을 알 수 없다.

'정보만 보라'라고 권하는 책도 있지만, 정보는 우리 주변 모든 곳에 있음을 잊어서는 안 된다.

외출 자제 기간에는 인적이 끊긴 거리가 아니라 개와 함께 산책하는 하천가나 공원에서 사람들을 관찰했다.

개에게 말을 거는 초등학생의 모습에서 게임의 인기를 깨달았다.

정보는 어디서든지 얻을 수 있다.

때로는 컴퓨터 전원을 끄고 거리로 나가 보자.

5장

자,
승부의
아침이다

시세는 항상 절대적으로 옳다. 반면 인간은 자주 잘못된 예측을 품고
잘못된 길을 나아간다. 그러므로 시세의 움직임에 투자자가 맞춰야 한다.
제시 리버모어(20세기 초 미국에서 가장 성공한 개인 투자자)

우연은 준비되지 않은 사람을 돕지 않는다.
루이 파스퇴르

우선 개장 전
호가창으로 예측하자

44

자, 이제 데이트레이딩의 아침이다.

오늘의 성적은 9시부터 열리는 시장에서 결정된다. 그러나 사실 그전의 준비가 큰 요인임을 알아야 한다.

그날 인기가 집중되는 주가의 움직임은 아침의 지정가보다도 전부터 시작된다.

전날의 마지막 거래 후에 이미 시작된 것이다.

우선 15시에는 때때로 기업들의 결산과 다양한 정보가 공개된다.

또 밤에는 뉴욕 시장에서 정치와 경제가 움직이고, 이것은 도쿄의 주가에 반영된다.

그 정보를 얼마나 파악하고 있느냐에 따라 그날 장세에 대한 대응이 달라진다.

물론 주가 변동에 영향을 주지 않는 재료도 있다. 그것은 개장 후의 문제다.

트레이딩을 생업으로 삼는 사람들은 하룻밤에 몇십 개의 차트를 확인한다. 몇백 개일 때도 있다.

그중 다음 날 움직일 듯한 차트와 종목 후보를 선별해 둔다.

이렇게 자료를 축적해서 거래에 임하는 것이다.

적들이 이렇게까지 준비를 하는데, 가벼운 마음으로 덜렁대며 데이트레이딩을 하면 패배는 처음부터 정해진 것이나 마찬가지다.

단단히 각오하고, 후회 없는 트레이딩을 위해 미리 120% 준비해야 한다.

그것을 전제로 아침 8시부터 표시되는 호가창 정보를 확인한다.

싸움에 나설 때에는 만반의 준비를 하고 기력을 가다듬어 임하는 자세가 필요하다.

매도와 매수가 맞서고 있다

28,300	시장가	29,500
매도	지정가	매수
124,100	OVER	
500	1193	
1,500	1192	
1,400	1191	
800	1190	
600	1189	
1,100	1188	
3,800	1187	
200	1186	
400	1185	
15,100	1184	
	1183	15,100
	1182	100
	1181	500
	1180	500
	1179	500
	1178	900
	1177	500
	1176	500
	1175	500
	1174	500
	UNDER	77,800

호가창은 8시 후 9시 전이 중요하다

45

개장 전의 호가창 정보는 오전 8시가 되자마자 인터넷 증권 등의 화면에 갱신되어 표시된다.(일본의 경우임)

물론 그 전부터 호가창 자체를 볼 수는 있지만, 실시간으로 정보가 갱신되지는 않는다.

'정[고요]'의 상태에서 8시에 '동[움직임]'으로 바뀐다.

호가창에 표시되는 매도와 매수 데이터는 개장 전에 이루어진 주문이다.

이 데이터를 통해서 그날 투자자들이 그 종목을 강세라고 느끼는지 또는 약세라고 느끼는지 어느 정도 알 수 있다.

그러나 결정적이지는 않다.

큰손 투자자들은 호가창을 보며 주문을 넣는다.

그러므로 개장 전의 호가창은 시시각각으로 달라지는 것이 일반적이다.

8시에 상한가 또는 하한가가 표시되어도 실제로 그렇게 된다는 보장은 없다.

주식 데이트레이딩의 신 100법칙

'특별매수호가'로 표시되던 강한 종목이, 막상 9시가 되면 상한가까지 가지 못한 채로 시작하는 일이 얼마든지 있다. (일본 증시에는 한국과 같은 서킷브레이커가 없는 대신, 한 종목의 매수와 매도가 지나치게 불균형을 이루는 경우 매매를 중단하는 '특별 호가' 제도가 있음)

매매의 동향은 다른 사람들에게서 나오므로, 트레이더들은 그 움직임을 보고 즉각 판단을 바꾼다.

시장의 배후에서 움직이는 투자자들의 변화를 민감하게 포착할 필요가 있다.

투자 자금은 국내뿐만이 아니라 전 세계에서 모여들어 움직인다.

방심하지 말고 잘 읽어내자.

매도와 매수가 모두 많으며 서로 맞서고 있다

시장가 매도	지정가	시장가 매수
3,014,800	OVER	
59,900	1193	
25,300	1192	
8,700	1191	
36,900	1190	
58,800	1189	
26,300	1188	
11,100	1187	
22,900	1186	
23,400	1185	
6,900	1184	
	1183	5,700
	1182	114,500
	1181	9,800
	1180	14,600
	1179	13,000
	1178	20,400
	1177	8,400
	1176	19,500
	1175	15,300
	1174	6,700
	UNDER	2,262,300

그날의 주가 동향을 호가창에서 예측한다

46

개장 초 주가가 결정되기 전과 결정된 후 모두, 호가창의 움직임을 보면 그날 매수가 우세한지 또는 매도 압박이 강한지 대략 알 수 있다.

이 점을 확실히 이해하고 트레이딩에 임하는 일이 중요하다.

호가창의 균형은 다양한 요소를 반영해서 아침 8시부터 오후 3시까지 움직인다.

오르락내리락 어지럽다.

투자자들의 다양한 의도가 교차하며 주가가 움직인다.

호가창을 보면 알 수 있지만 강세일 때(매수가 훨씬 많은 상태)는 주가가 거침없이 올라간다.

이익 확정을 위한 매도는 있으나, 그보다 많은 매수가 쏟아져 나와 주가의 방향은 위를 향한다.

또 소형주는 100주 단위라는 개인 투자자 특유의 주수가 많은데, 펀드가 진입하면 1,000주, 5,000주와 같은 주문이 눈에 띈다.

물론 도쿄 증시 일부의 종목과 신흥 시장의 종목 또 자본금과 시가총액에 따라 호가창 주문은 달라진다. 주가의 위치에 따라서도 당연히 달라진다.

이것들이 종합되어 매도와 매수가 격렬하게 부딪치며 호가창에 표시된다.

매매가 격하게 이루어져 거래량이 급증할 때는 매매가 정신없이 표시되어, 눈이 아프다고 말하는 사람들도 있다. 그러나 제대로 읽지 않으면 데이트레이딩에서 성과를 올릴 수 없다.

초보자에게는 적응할 시간이 필요하다.

트레이딩은 결국 '싸움'이기 때문이다.

소형주에는 개인 투자자에게서 나온 숫자가 축적되어 있다

-	시장가	-
매도	지정가	매수
495,900	OVER	
2,200	2472	
400	2471	
6,900	2470	
1,400	2469	
500	2468	
1,400	2467	
900	2466	
2,400	2465	
1,400	2464	
400	2463	
	2462	300
	2461	200
	2460	600
	2459	700
	2458	700
	2457	600
	2456	1000
	2455	800
	2454	1200
	2453	900
	UNDER	253400

UNDER와 OVER의
균형을 본다

47

오늘 이 종목이 오를지, 내릴지, 보합이 될지는 호가창의 균형을 보면 대체로 알 수 있다.

개장 전 아침의 호가를 볼 때 매도 쪽의 'OVER' 주수(株数)와 매수 쪽의 'UNDER' 주수를 확인하자.

한쪽이 압도적으로 많은 경우는 그다지 없다. 대개 매도, 즉 OVER 쪽이 조금 더 많다.

상승한 가격에 대한 지정가 매도가 들어오기 때문이다.

그러나 급등이 예감되는 종목은 매수인 UNDER의 주수가 압도적으로 많다.

매수하고 싶으면서도 조금이라도 저렴한 가격을 원하는 사람들이 많기 때문이다.

물론 매수 주문 주수가 많기 때문이기도 한데, 그 균형을 통해 종목의 인기가 어느 정도인지 알 수 있다.

테마 종목은 매일같이 어지럽게 바뀌므로, 매도와 매수의 균형도 달라진다.

또 장중이라도 매수로 인해 주가가 오르는 종목은 UNDER가 급격히 늘어난다.

무제한 오르는 것은 아니지만, 경향을 파악해 두면 좋다.

대략적인 경향을 알아두면 넓은 시야에서 주가의 방향을 판단할
수 있다.

각 종목에 대한 투자 행동은 호가창에 대한 주문이 되어 나타난다.
제대로 주목하며 매매

하자.

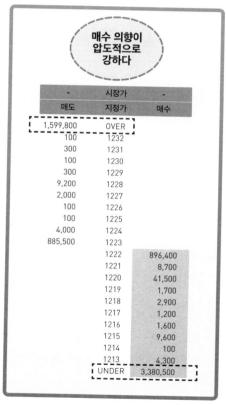

어제까지의 거래량과 주가 동향을 확인해둔다

48

주가가 오르내리는 경향은 거래하는 증권 사이트를 보면 알 수 있다.

거래량과 주가의 움직임은 일목요연하다.

그것과 일봉을 확인하면 그 종목이 인기가 있는지 보인다.

주가는 변동하지만 거래량은 늘지 않아, 인기가 늘고 있다고는 말할 수 없는 경우가 있다.

단순히 가격의 움직임만으로 판단하면, 시세가 오르락내리락하기를 반복하는 가운데 거래량이 매우 적은 상태로 끝나기도 한다.

인기 종목인가, 단순히 시세가 변덕스러울 뿐인가.

그 구별을 확실히 해야 그 후의 주가를 적절히 예측해서 수익을 올릴 기회를 얻을 수 있다.

주가가 오른다고 마구잡이로 뛰어드는 것이 아니라, 주가의 변동과 기세를 피부로 느끼며 트레이딩하는 것이 바람직하다.

데이트레이딩은 일단 급격히 변동하는 시세에 올라타고 보는 것이라고 오해하는 사람들도 있다. 그러나 각 종목의 트렌드를 읽지 않고

주식 데이트레이딩의 신 100법칙

분위기에 휩쓸려 매매하면 실패의 원인이 되므로 주의해야 한다.

이기기 위해서는 거기에 걸맞은 '승부의 눈'이 필요하다.

진입할 종목은 **거래량의 증가 경향이 명확한 종목**으로 좁히는 것이 바람직하다.

매매 방침은 내릴 때 사서 급등할 때 파는 것이다. 이 스타일을 철저히 고수하자.

성공 확률도 높아지므로 이 부분을 제대로 확인하기 바란다.

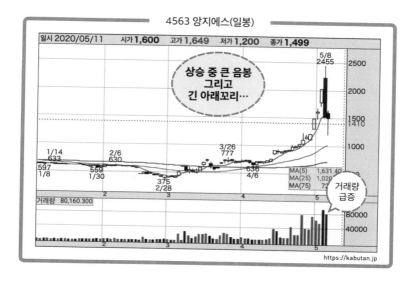

4563 앙지에스(일봉)

거래량의 증가와 주가의 힘은 비례한다

49

이미 말했지만 주식 매매에서 거래량과 주가의 힘은 어느 정도 비례한다.

'어느 정도'라고 한정해서 말하는 이유는 시장이 공포에 휩싸여 폭락할 때도 거래량은 증가하기 때문이다.

다만 일반적으로는 어느 종목에 인기가 생기면 사고 싶어 하는 사람들이 늘어나고, 그 종목의 매매 빈도가 늘어 거래량이 증가한다. 이것이 주가가 올라갈 때의 경향이다.

갑자기 급등해서 상한가를 치는 종목은 차트의 봉을 봐도 갑작스런 거래량 증가 데이터가 관찰된다.

주가의 오르내림만으로는 그 종목이 정말로 강세인지 판단할 수 없으나, 거래량이 두 배, 세 배, 다섯 배로 늘어나는 동시에 주가가 상승한다면 명백히 인기가 증가하고 있는 것이다.

주가는 마치 '밀물, 썰물'과 같아서 **밀물이 들어올 때는 압도적인 매수로 주가가 올라간다.**

매수가 우세할 때 자신도 함께 매수하면 이익이 발생하기 쉽고 실패가 적다.

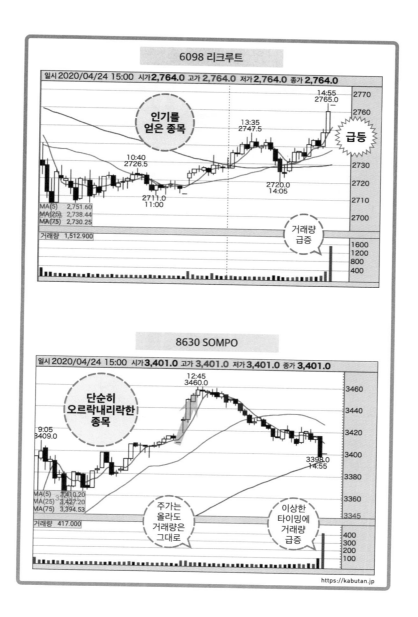

호시탐탐
하락을 노려라

50

여기서는 코로나바이러스 백신을 개발 중인 앙지에스(4563)의 트레이드를 예로 들어 보겠다.

이날은 아침부터 매수가 강력하게 모여들어 상한가에 달할 기세였다. '이래서는 못 사겠네'라고 생각한 개인 투자자도 많았을 것이다.

그러나 '특별매수호가' 상태에서 거래가 멈춘 것은 오전장 마지막 거래 부근이다. 그전까지는 매수가 아무리 치솟아도 매도가 나온다. 아무리 사고 또 사도 매도가 나온다. 사실 이 종목은 워런트채를 발행해서 주가가 강세일 때에 한해 매각한다. 그래서 일반적인 소형 종목과는 달리 재료 하나만 가지고는 쉽게 상한가를 치지 못한다.

이 사정은 큰손들은 물론이고 개인 투자자들도 알고 있다. 그래서 무리해서 고가에 사지 않고, 상한가 전에 하락을 노리며 대량의 지정가 주문을 넣는다. 이날은 대망의 백신 임상시험이 애초 계획보다도 앞당겨질 것이라는 보도가 나오면서 이 종목의 인기가 폭발했다.

'오늘은 큰 재료가 있어서 강세지만, 내일은 매도 때문에 하락할지도 모른다.' 약삭빠른 사람들은 그런 생각으로 기존에 사들였던 주식을 상한가에 내놓는다.

대단한 재료가 있어도 주가가 무한정 오르지 않는 워런트채의 특성을 아는 사람들은 **내릴 때 사고 오를 때 파는** 전략을 세우기 쉽다.

이처럼 그 종목 특유의 사정을 알면 데이트레이딩의 성공률이 높아진다.

'한발 앞을 내다보는' 일은 트레이딩의 성공에 필수 조건이다.

각각의 종목에는 발행 주식 수, 부동주 수, 신용거래의 매수와 매도 비율, 주주 등 다양한 요소가 얽혀 있다. 주가 변동에 영향을 주는 특징을 알아두는 것도 중요하다. 예를 들어 소니는 호재가 있으면 주가가 뛰지만 다음 날부터 약세를 보이는 경향이 있어서 손을 대기 어렵다는 특징이 있다.

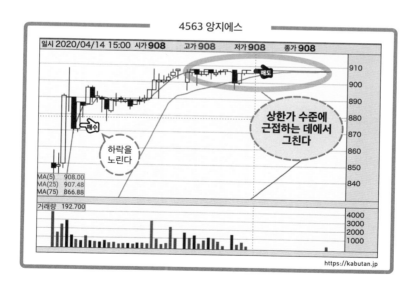

4563 앙지에스

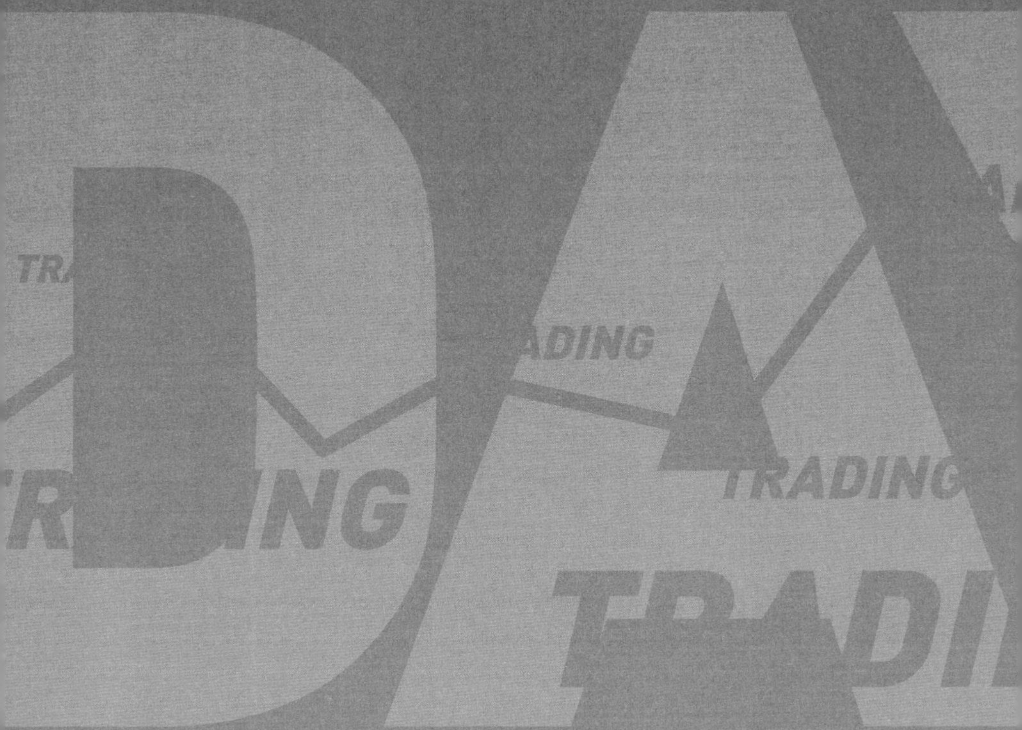
TRADING

봉차트 속에
오르내리는
수요와 공급이
있다

학습이 따르지 않는 행동은 치명적이다.
행동이 따르지 않는 학습은 무익하다.
메리 비어드

수요와 공급은 어떤 재료보다도 우선한다.

'화이트 마루보즈'는 강세, 그다음도 기대

주가의 움직임을 나타내는 봉차트를 보면 일봉이든, 주봉이든, 여기에 인용한 5분봉이든, 그 뒤에 있는 투자자들의 심리와 의도는 똑같다.

그러므로 봉차트를 읽는 기본적인 방법을 확실히 익혀서, 다음에 일어날 주가 변동을 가능한 한 잘 파악해 트레이딩하자.

주가가 시원하게 상승하는 봉으로써 주목할 것이 '화이트 마루보즈' (꼬리가 없고 몸통만 있는 양봉으로, 마루보즈는 일본어로 머리털이 없다는 뜻임)다.

'화이트 마루보즈'가 등장했을 때는 그 5분간의 주가 변동을 5분

화이트 마루보즈

전의 주가와 비교했을 때, 다소 기복은 있어도 매수가 압도적으로 강세여서 주가가 상승하고 있다는 뜻이다.

이런 움직임이 나타날 때는 매도보다 매수가 더 강하며, **실적이나 새로운 재료가 있어서 주가가 급등하는 것이다.**

이때는 음봉이 나오거나 위꼬리가 나

오면서 이익 확정의 움직임이 강력해지기 전까지는 그 종목을 보유하고 있어도 좋다.

매도와 매수 중 무엇이 강세인지는 호가창에서도 확인할 수 있지만, 거래량이 많은 종목은 변동이 너무 심해서 호가창을 보고 이해하기 어렵다. 그러나 봉차트는 그 데이터를 반영해서 작성되므로 객관적으로 주가의 방향을 읽어낼 수 있다.

강한 봉과 약한 봉을 확실히 파악하자.

'화이트 마루보즈'는 '가격 변동 폭'에서 이익을 취할 둘도 없는 타이밍이다.

반가운 봉이므로 그 기회를 놓치지 말자.

3349 코스모스약품

일시 2020/04/24 11:25 시가 **30,050** 고가 **30,150** 저가 **30,050** 종가 **30,050**

매수화이트 마루보즈의 연속으로 주가 상승매도

https://kabutan.jp

'코마' 다음은 크게 움직인다

52

봉차트에는 '코마'라는 주가의 변동 폭이 작아져서 위아래로 움직이지 않을 때 나오는 형태가 있다.

'시세를 예측하기 어려워 매매가 침체된 상태' '매도와 매수가 맞서는 상태'를 나타낸다.

차트에서 올라갈지 내려갈지 망설이는 봉이다.

이런 봉이 나왔을 때는 다음 주가의 위치가 어떻게 되는지 잘 지켜봐야 한다.

다음 봉이 아래에 있을 경우에는 '잠시 조정'이다.

반대로 다음 봉이 위에 있을 때는 매물이 줄고 매수가 강해진 것이므로 수익을 취하기 쉽다.

이 순간의 봉을 확실히 포착해야 '이익 확정' '후퇴' '손절'의 타이밍을 명확히 판단할 수 있다.

트레이딩에서 '낙관적인 생각'은 금물이다.

맹목적으로 강세를 예상하는 일도 위험하다.

코마

냉철하게 눈앞에 있는 봉의 형태를 읽어내고, 트레이딩의 순간적인 판단에 활용하자.

'코마'는 잠시 쉬어가는 상태지만, 안정되어 있지는 않다.

다음 주가가 결정되기 전까지 큰 변화가 일어날 가능성이 있고, 그전에 잠시 정지한 듯 보이는 봉이다. 이 봉이 나타나면 그다음에는 주가가 크게 움직일 것이라고 예상하고 임해야 한다.

데이트레이딩에서는 한순간 방심하면 이익을 놓치게 된다.

진입할 때를 놓쳐도 손해지만, 보유하고 있던 종목을 주가가 하락하기 전에 팔지 못하는 경우는 더 손해다.

큰 실패를 피하는 일이 전체적인 성과에 큰 영향을 준다.

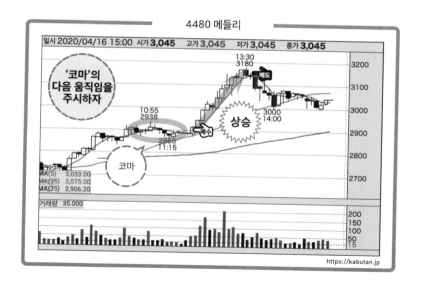

4480 메들리

오르기 시작할 때의 위꼬리는 신경 쓰지 말라

53

필자는 트위터에서 '위꼬리'에 대한 질문을 자주 받는다.

예를 들면 상승이 시작될 때 큰 양봉 뒤에 긴 위꼬리가 나타나는 일이 얼마든지 있다.

그날 매매 중에 이따금씩 주가가 뛰었지만, 이익 확정에 밀려서 양봉이기는 하나 꼬리가 생겼다.

초보자는 '위꼬리가 생겼다=더 오르지 않는다'라고 생각해서 그 종목을 놓아 버리기 쉽다.

그러나 이 생각은 잘못됐다.

상승하기 시작하자마자 '더 이상 오르지 않는다'고 생각하면 모처럼 찾아온 가치 상승의 타이밍을 놓치고 만다.

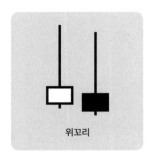

위꼬리

봉차트를 볼 때 중요한 것은 차트의 어느 시점에 신호가 나왔는지 판단하는 일이다.

'위꼬리'와 관련해 조심해야 하는 것은 주가가 순조롭게 우상향하며 5일 이동

평균선은 물론이고 25일 이동평균선과도 큰 격차를 보이며 훨씬 위에 있을 때다.

개인 투자자들 사이에서는 '아직 더 오를 것이다'라는 낙관론이 대두하지만, 프로나 숙련된 개인 투자자는 '격차가 너무 크다'라고 판단해서 보유한 분량을 대부분 결제한다.

이처럼 상승 타이밍에 나오는 위꼬리는 상승의 한계점을 나타내므로 주의할 필요가 있다.

여기서는 즉각 이익을 확정하거나, 이익이 없더라도 포지션을 청산하는 것이 좋다.

봉차트에서는 봉이 나타난 위치가 중요하므로 항상 똑같은 관점에서 생각하지 말자.

6291 일본에어테크

위아래 수염을 보고 주가의 방향을 꿰뚫어 본다

54

앞에서 말한 '코마'와는 다르게, 양봉 또는 음봉의 몸통이 조금 길고 그 위아래에 꼬리가 있을 때는 어떻게 해야 할까?

몸통 위아래의 꼬리는 매도와 매수가 맞부딪치고 있음을 나타낸다.

주가가 한 방향으로 기울지 않고 매도와 매수의 힘이 비슷한 형태다.

쭉쭉 오르거나, 반대로 나락으로 떨어지는 움직임이 아니다. 오르락내리락하면서 하나의 방향을 보인다. 꼬리도 균일하지 않고, 위꼬리가 길기도 하고 아래꼬리가 길기도 하다.

그래도 주가는 일정한 방향성을 보이면서 서서히 움직인다.

하루 중의 주가는 대체로 어느 정도의 방향성을 가지고 파도와 같이 오르내린다.

데이트레이딩에서는 이 방향성을 거스르지 않고, 주가가 내려갈 때는 확실하게 지정가 매수로 주워 담는다. 이윽고 하락이 멈추면 방향은 위를 향한다. 매수한 종목의 가치가 마침내 올라간다.

이 단계에서 **조금씩 자주 이익을 확정**하자.

주가의 경향을 보면 하락할 때는 위꼬리가 많아지므로 여기서 하락을 감지한다.

반대로 상승할 때는 아래꼬리가 많아져 '하락해도 매수가 많은' 경향이 있다.

이러한 움직임을 알아둬야 한다.

데이트레이딩에서는 주가의 움직임을 거스르지 않고 올라타서 '매수한 후 이익 확정'을 잘 실시해야 한다.

현물에서는 '차액결제거래(매도와 매수의 차액으로 거래)'라고 해서, 같은 종목으로는 사고팔기를 반복할 수 없다. 그래서 다른 종목으로 갈아타서 트레이딩해야 한다.

신용결제는 같은 종목이라도 여러 번 거래할 수 있으므로, 리스크는 커지지만 사고팔기를 되풀이하기 쉽다.

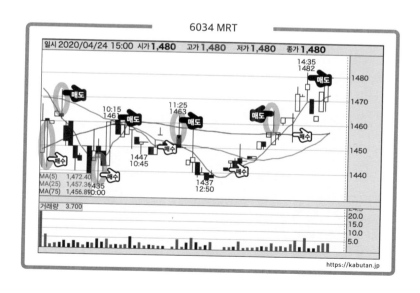

6034 MRT

보합권 이탈
양봉은 상승 기류

55

주가의 움직임 속에는 '보합권 이탈'도 있다.

주가가 일정한 범위 내에서 오르내림을 반복하는 동안은 매도와 매수가 맞서게 되는데, 새로운 자금이나 재료가 있고 그것이 긍정적인 영향을 미치면 주가는 보합을 벗어나 위를 향한다.

반대로 악재료가 있으면 아래쪽으로 이탈한다.

일반적으로는 위쪽으로 이탈할 때 투자한다.

매도와 매수가 서로 대항해 주가가 일정한 가격대에서 계속 오르내리다가, 매수가 우세해지면 갑자기 양봉이 연속되면서 주가가 보합을 벗어나 급등한다.

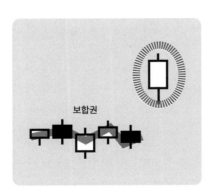

보합권

한창 매매가 이루어지는 중에 매수가 우세해지면, 지금까지 매도했던 사람들이 매수로 돌아서서 호가창의 주가를 쑥쑥 올려놓는다. 매수가 유리한 분위기가 되어, 상승

주식 데이트레이딩의 신 100법칙

하는 주가에 발걸음을 맞추면서 사고팔기를 반복하게 된다.

주식은 매수하는 사람만 있으면 어느 지점에선가 폭락하게 되지만, 매수와 매도가 반복되어 사고팔기의 주기가 형성되면 회전이 잘 이루어지므로 주가가 떨어지지 않게 된다.

중요한 것은 너무 욕심을 내지 않고 적당한 시점에 이익을 확정하는 일이다.

보합권을 아무리 멀리 벗어나 급등해도, 반대로 급락할 수도 있기 때문이다.

가치가 더 오르기를 오래 기다리면 이익 확정의 확률이 낮아진다. '욕심을 내지 않고' 평상심을 유지하며 확실성을 중시하자.

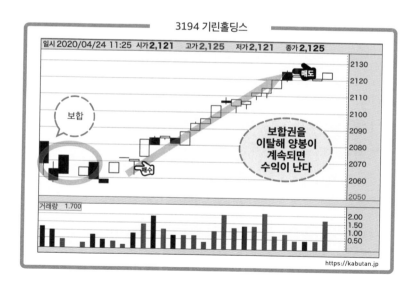

3194 기린홀딩스

강력하게 상승한 후의 위꼬리는 상승 한계점

56

큰 걱정의 대상인 '위꼬리'에 대해 생각해 보자.

앞에서 설명한 바와 같이 위꼬리가 주가에 결정적인 영향을 미치는 것은 주가가 우상향하며 어느 정도 가격 폭이 생긴 뒤다.

주가가 급상승한 상황에서 투자자들이 다 같이 '슬슬 천정권이 아닐까?'라고 생각하는 국면이다.

이 시점에서 '이만하면 됐다'라고 생각해서 매도하는 사람들이 많아진다.

그것이 위꼬리다.

주가는 상승하지만, 기다리던 매도에 밀려 결과적으로 위꼬리가 생긴다.

이것은 일봉이나 5분봉이나 마찬가지로, '상승의 한계점'을 나타내는 매매 신호다.

이 시점에서는 보유한 종목의 이익을 확정하는 것이 좋다고 할 수 있다.

차트가 '상승 한계점'을 명시하고 있기 때문이다.

그런데도 '아직 더 오를 수 있어'라고 욕심을 부리며 시간을 끌다가는 모처럼 찾아온 이익 확정의 기회를 잃게 된다.

심지어 하락 국면으로 접어들어 도로 아미타불이 되거나, 보유 종목의 가치가 떨어지게 된다.

왜 투자했는지 알 수 없게 되는 것이다.

후회해도 소용이 없다.

상승 시에 위꼬리가 나타나면 물러날 때라는 사실을 기억하고 조심하자.

위꼬리에서 하락으로 향하는 지점은 그다음에 아래쪽에서 음봉이 나타나는 때다.

이때는 곧바로 도망쳐야 한다.

아래 차트에서는 아침의 순간적인 기회를 노려야 한다.

고가권의 큰 음봉은
매도 청산 속출의 움직임

57

'고가권의 위꼬리'와 마찬가지로 조심해야 할 것이 '고가권의 큰 음봉'이다.

주가가 어느 정도 올라간 후에는 이익 확정의 타이밍이라고 생각해서 매도하는 사람들이 많아지므로, 매도가 매도를 불러서 이것이 큰 음봉이 된다.

투자자들의 속마음이 차트에 나타나는 것이다.

'상승 한계점'의 명확한 반영이다.

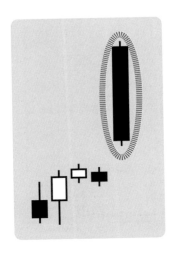

투자자들이 서로 소통하지는 않는다.

그래도 다른 투자자들이 지금 무엇을 생각하고 있는지 주가의 움직임을 통해 알 수 있다.

호가창에 나타나고, 차트에 그려진다.

여기서 이야기하는 큰 음봉은 '이제 파세요'라는 신호다.

이것은 매수 타이밍과 마찬가지로 주식투자로 수익을 올리는 데에 중요한 신호이므로, 반드시 알아두자.

어떤 종목이든, 어떤 타이밍이든, 큰 음봉이 나오면 그다음에는 매우 높은 확률로 주가의 하락 트렌드가 찾아온다.

이익 확정 내지는 저렴할 때의 매수를 준비하자.

하루 중의 주가 변동에서는 몇 번이고 음봉이 나오면서 주가가 하락하는 일이 있다.

이 리듬과 경향을 알아두는 것이 데이트레이딩에서 실패하지 않는 데에 필수다.

십자 도지가 서로 맞설 때는 그 위치를 확인한다

봉차트의 '십자 도지'는 한가운데에 몸통이 있고 그 아래에 꼬리가 있다. 이것은 보합을 뜻한다. 십자 도지는 어느 위치에나 생긴다.

주가가 '한숨 돌릴 때' 나타나는 봉이므로 어디에나 나타날 가능성이 있고, 실제로도 어디에나 나타난다.

문제는 어느 시점에서 나타났느냐다.

특히 주가가 높아진 시점에서 십자 도지가 나오면, 주가를 밀어 올리던 힘들이 서로 맞서는 상태를 뜻한다.

매도와 매수가 서로 대항하며 주가가 균형을 이루는 상황이다.

그러므로 주가 상승 시에 십자 도지가 나타났다면 '슬슬 팔 때구나'라는 경계심을 가져야 한다.

십자 도지 다음에 나타나는 것은 큰 음봉 또는 위

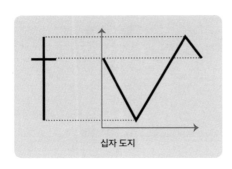

십자 도지

*'도지'는 일본어로 '동시'라는 뜻. 봉차트에서는 시가와 종가가 똑같아 봉의 몸통이 일자 형태인 경우를 가리키며, 여기에 위꼬리와 아래꼬리가 있어서 십자형이 되면 십자 도지라고 한다. 한국에서도 사용하는 용어다.

꼬리일 가능성이 매우 높다. 한편 꾸준한 하락이나 급락 뒤에 십자 도지가 나타나면 하락이 끝났음을 뜻할 때가 많다.

매도와 매수가 서로 맞서기 때문이다.

봉은 그 시점에서의 매도와 매수의 균형을 명확히 보여주므로, 주의해서 해석하는 일이 중요하다.

멍하니 주가의 방향을 쳐다보고 있기만 해서는 전략적인 투자 전략을 취할 수 없다. 결과적으로 효율 좋은 트레이딩이 불가능해진다는 사실을 알아야 한다.

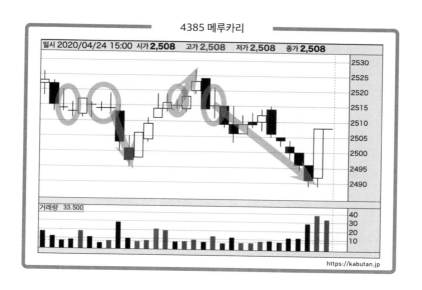
4385 메루카리

갭이 생긴 뒤의
천정을 예측한다
59

어느 종목에 대한 호재료가 발표되면 너도나도 몰려들어 매수한다.

결과적으로 매수가 매수를 불러 거래량이 증가하는 동시에 '갭상승'이 일어난다.

그러나 이렇게 뛰어오른 주가의 움직임은 반드시 조심해야 한다.

'그 뒤의 주가로 누가 매수할까?'

이 의문을 항상 가지고 있어야 한다.

종목을 매수해 수익을 올리기 위해서는 그 뒤의 주가로 다른 사람들이 매수할 만큼 큰 재료가 있어야 한다.

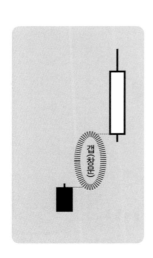

그리고 '매수할 기회를 놓친 사람'의 존재가 꼭 필요하다.

호재료를 보고 모두들 달려들어 매수해 버리면 주가가 지나치게 상승하므로, 그 급등 전에 매수한 사람들은 '이다음은 위험하다'라고 생각해서 매도에 들어간다.

결과적으로 갭의 강세에 편승해서 매

수한 사람들은 잠시 후 손실을 보게 된다.

그리고 그 손실이 불어난 끝에 포지션을 청산하게 되어, 다른 곳에서 발생한 수익이 상쇄되고 만다.

이것은 실패한 트레이딩이다.

이렇게 되지 않기 위해서도 모두들 매수하는 '갭상승' 주가가 나타날 때는 자신도 따라서 매수하고 싶은 충동을 억눌러야 한다.

투자에 임할 때는 부화뇌동해서 '충동구매'하는 일을 삼가지 않으면 실패가 많아진다.

실패를 줄이며 냉철하게 포지션을 취한다.

이 행동이야말로 데이트레이딩의 성공을 가능하게 한다.

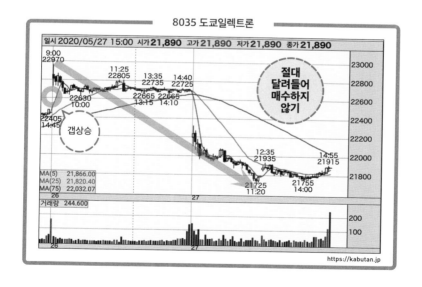

7장

상승의
테크니컬
10법칙

위험을 무릅쓰라.
인생은 전부 기회다.
가장 먼 곳에 다다르는 사람은 대담하게 행동할 의욕이 있는 사람이다.
데일 카네기

전쟁은 이기기 위한 것이지, 오래 끌기 위한 것이 아니다.
손자(손무)

성공 가능성이 매우 높은 아래꼬리 양봉

60

제7장에서는 소위 '차트 읽는 법'에 대한 책들에 나오는 다채로운 내용은 생략하고, 가장 전형적인 매수 신호와 매수 방법을 설명하고자 한다.

우선 종목을 매수하고 그 후의 수익을 노리기 위해서는 '주가가 오른다고 무작정 달려들지 않는' 일이 핵심이다.

그러면 어떤 시점에 매수해야 수익이 가장 클까?

바로 **'하락 후 반등'의 시점**이다.

바닥권에서 반등하는 주가를 노리므로, 앞으로 더 하락할 것에 대한 불안이 최소화된다.

여기서 예로 든 종목은 그날 첫 거래 직후에 주가가 하락했으나, 곧 매수가 우세해져 상승했다.

양봉이 나타난 후 주가가 계속 올라간다.

하락 한계점의 봉이다.

이것을 본 투자자들은 안심하고 매수해도 좋다는 신호로 해석해서 적극적으로 매수한다.

그래서 그 타이밍에 매수하면 보유 종목의 가치가 내려갈 가능성이 매우 낮다.

주가의 위치가 어디에 있든 상관없다.

5분봉의 움직임 속에서 하락하는 날이든 상승하는 날이든 주가가 잠시 내려갈 때 매수한다.

그 습관이 높은 효율로 수익을 내는 현명한 트레이딩 판단으로 이어진다.

부디 실행에 옮겨서 수익을 축적하기 바란다.

한 가지 방식만 되풀이해도 괜찮다. 그 방식의 전문가가 되어 트레이딩을 하면 성공 확률이 매우 높아진다.

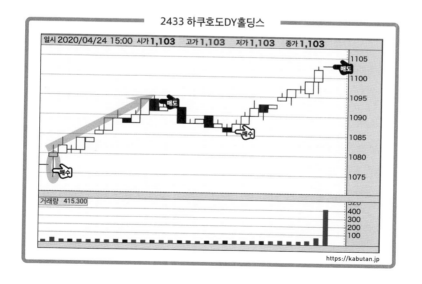

2433 하쿠호도DY홀딩스

보합권 이탈 후의
양봉에 올라탄다

주가가 일정한 범위 내에서 보합에 머무는 일은 얼마든지 일어난다. '별 볼 일 없는 주가 동향'이라고 생각하지 말고, 그다음에 주가가 어디로 갈지 지켜보면 좋다.

일정한 폭으로 움직이는 주가는 반드시 위아래 중 한쪽으로 움직이게 되어 있다.

위쪽으로 움직일 때는 '매수가 유리하다'고 생각하는 사람들이 많다.

주가가 일정한 범위 내에서 움직이면 에너지가 축적되므로, 수익을 기대한 매매가 나오기 쉽다.

위로 움직일 때는 거래량도 늘어나는 경향이 많으므로, 이 타이밍을 노려서 매수하면 어느 정도 수익을 얻을 수 있다.

'보합권을 이탈할 때 매수한다' 그리고 '변동 폭에서 이익을 취한다.'

이 작전은 승률이 매우 높다.

아래의 봉차트에서 보이는 것도 보합권 이탈 후 거래량 증가와 함께 상승하는 주가다.

호가창을 보면 그전까지 조용했던 매매가 갑자기 여기저기서 나타나며 주가를 올리고 있을 것이다.

이 움직임을 재빨리 감지해서 시장가 매수를 넣는다. 그리고 어느 정도 큰 폭으로 주가가 상승한 다음 이익을 확정한다.

이 방법으로 확실하게 수익을 올리자.

봉차트의 움직임은 곧 투자자들의 움직임이다.

얼마나 많은 투자자가 참가하든 그 종합적인 생각은 차트에 나타난다.

그 점을 활용해서 재빨리 기회를 잡자.

하락의 끝을 노려
반등으로 수익을 얻으라 **62**

데이트레이딩에서는 그 종목이 '장기적으로 상승 중인지 또는 하락 중인지' '오늘 플러스일지 마이너스일지'는 상관이 없다.

'움직임 그 자체'에 기회가 있다.

다만 트렌드 때문에 인기를 얻은 종목은 전체적으로 주가가 오르므로 실패가 적다. 상승 트렌드 종목으로 데이트레이딩을 하는 것이 낫다.

여기서 예로 들 종목은 아침부터 꾸준히 하락하기 시작했다.

이익 확정의 움직임이다.

그러나 바닥 부근에서는 긴 음봉이 나오는 동시에 거래량이 늘면서 '투매'가 발견된다.

그다음에는 주가가 저렴해진 것을 보고 매수가 많아져서 양봉이 나오며 상승한다.

이것이 '**하락 후 반등**'의 타이밍이다.

내려갔던 주가는 도산이나 최악의 실적 발표가 없는 한 반등을 향한다.

여기서는 트렌드인 인기 종목의 트레이딩만을 권장하고 있으므로, 그 경우 하락 후의 반등은 매우 성공 가능성이 높은 매수 타이밍이다.

이 시점을 놓치지 않고 매수해 수익을 올리자.

주가에는 일종의 습성이 있고, 그 습성은 차트에 드러난다.

이렇게 차트화한 '경향'을 잘 읽어내는 일이 데이트레이딩의 성공을 낳는다.

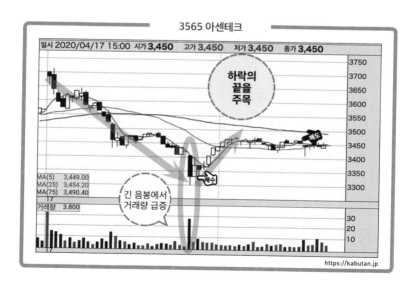

보합권 등락에서
잘못 매수하지 않는다

데이트레이딩에서 짭짤한 주가 변동 중 하나는 '보합권 등락'이다.

오르고 내리기를 반복하는 움직임이므로, **내리면 매수하고 오르면 이익을 확정하기를** 반복한다. 여기서는 비록 결과론적으로 차트를 인용했지만, 봉차트의 움직임을 잘 살펴보면 눈에 보인다.

'오, 기회잖아?'라고 자기도 모르게 탄성을 지를 만한 움직임이다.

하루 중의 시세가 위나 아래를 향해 '브레이크아웃'하지 않고, 상승했을 때는 이익 확정이 이루어지고 하락했을 때는 매수가 강해지는 경우가 있다.

차트 속의 종목은 주가 상승 트렌드가 한풀 꺾이고 매수와 매도가 대립하는 국면에 있었다.

2,500엔의 시가로 시작해 2,589엔의 고가를 기록하고, 다시 2,500엔으로 떨어졌다가 그다음에는 2,540엔까지 오르고, 그 후에는 2,480엔으로 떨어진 상태가 오후까지 이어졌다가, 다소 오랫동안 바닥에서 보합에 머무른 다음, 큰 양봉이 나타나며 2,568엔으로 뛰어올랐다.

오후장이 시작될 때 보합권 이탈을 알리는 '골든크로스'(단기 이동평균

선이 장기 이동평균선을 돌파하는 것)가 나타났다. 이럴 때는 명확한 상승 신호로 간주하고 추가 매수에 나선다. 상승하던 주가가 2,569엔에서 보합에 들어갔으므로 잘 지켜보며 이익을 확정한다.

매우 높은 효율로 트레이딩할 수 있는 차트의 전형이다.

때때로 비슷한 움직임을 만날 가능성이 높다.

그 조건은 '일봉이 우상향하는 인기 종목' '사람들이 주목해 거래량이 증가하는 종목'이다.

이러한 종목은 관찰 빈도가 높을 텐데, 그저 멍하니 움직임을 쳐다보고 있을 것이 아니라 '상승세가 둔화하면 이익 확정' '더 이상 하락할 것 같지 않으면 매수'를 반복하는 습관을 들이자.

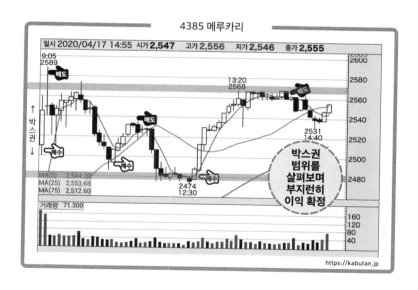

https://kabutan.jp

하락 시 '쓰쓰미'가 나타나면 매수에 유리

64

여기서 예로 든 종목의 차트를 보면 상승 신호인 '쓰쓰미'(일본어로 감싼다는 뜻이며, 고가와 저가가 모두 바로 앞의 봉을 경신해서 앞의 봉을 감싸는 듯한 형태의 봉이다. 한국에서는 사용하지 않는 말이다) 가 반복된다.

가격이 하락한 동시에 앞의 음봉을 큰 양봉이 감싸는 형태다.

이 유형의 봉차트는 상승 신호가 여러 번 나오는 경향이 있으므로 사고팔기, 사고팔기를 반복한다.

생각 없이 차트를 보고 있다가 '쓰쓰미'를 놓쳐 버려도, 다시 몇십 분 후에 다른 쓰쓰미가 나타나므로 여기서 승부에 임하면 된다.

물론 결과론적이기는 하지만 이런 봉차트도 있다는 사실을 알아두기 바란다.

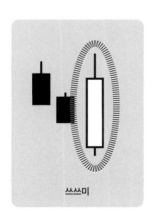

쓰쓰미

다소 등락은 있으므로 조금씩 이익을 확정하는 일이 불가능하지는 않다. 그러나 욕심부리지 않고 매수와 이익 확정을 한 번에 묶어서 실시해도 좋을 것이다.

데이트레이딩에서는 욕심내지 않고 확실하게 이익을 확정하는 일이 중요하다.

그러기 위해서는 쓰쓰미 후의 상승 신호를 잘 활용하는 것이 바람직하다.

성공 확률이 높은 트레이딩을 한다.

이것이 데이트레이딩의 철칙이므로, 이런 형태의 주가 동향에 잘 편승하기 위한 '안테나'를 여러 개 세워두는 것만으로 안심하고 매매를 반복할 기회가 있다.

데이트레이딩에서는 차트를 잘 읽어내고 느끼는 일이 중요하다.

6082 라이드온

꾸준한 상승 트렌드에는 편승한다

65

쓰러질 일이 없는 '업계 최고' 종목은 주변 환경이 아무리 악화해도 폭락하지 않고, 또 세력들이 폭락하게 내버려 두지 않는다는 속사정이 있다.

이런 종목은 전체 시세가 상승할 때는 그 시세 환경을 따라서 상승하는 일이 많다.

차트 속의 날에는 시세 환경이 결코 좋지 않았으나, 업계를 대표하는 기업인 덕분에 매수 흐름이 관찰되었다.

차트를 보면 알 수 있듯 5분봉은 상승 트렌드다.

주가가 바닥 부근에 있었던 데에 더해 **닛케이 평균 주가가 크게 반등**한 까닭에 **함께 상승**한 종목이 많다.

이런 상승세도 데이트레이딩의 '좋은 환경'이다.

잘 활용하자.

어디까지 오를지 알 수 없지만, 음봉은 얼마 안 되고 양봉이 계속된다.

이 트렌드에서는 소폭으로 '매수, 이익 확정, 매수, 이익 확정'을 반복해서 실제 수익을 축적하는 일이 중요하다.

데이트레이딩에 가장 적합한 봉차트의 움직임은 깔끔한 우상향이다.

이런 차트에서 실패하기는 어렵다.

실패하는 경우를 굳이 생각해 본다면, 자신감이 매우 부족한 사람이 작은 수익만 올리고 청산한 후 후회하는 상황일 것이다.

봉차트를 잘 읽어내서 성공 경험을 축적해 나가자.

상승 후 처음 하락할 때는
매수하면 좋다

66

데이트레이딩에서는 거래량의 증가와 함께 주가가 상승하는 인기 종목을 매매하면 성공 확률이 높아진다.

아침에 처음 박스권을 이탈하자마자 매수하면 좋지만, 그 타이밍을 놓쳐도 기회는 다시 찾아온다.

이 기회란 그날의 첫 하락이다.

주가는 **급상승 후 약간 하락**하는 일이 많으므로 이때가 기회다.

첫 하락 시에 매수하면 성공할 가능성이 크다.

주가가 상승하는 도중에 따라가서 매수하면 그 후 하락할 때 당황하게 되므로 좋지 않다.

하락할 때 매수하지 못한 것을 분하게 생각해서 상승할 때 뛰어드는 것인데, 여기서는 철저히 하락할 때만을 노리는 일이 중요하다.

차트 속의 종목을 봐도 알 수 있듯, 그날의 첫 하락 후 주가가 쭉쭉 올라가므로 여유롭게 이익을 확정할 수 있다.

상승 중인 종목에 진입할 때는 반드시 잠시 하락할 때를 노리는 것이 트레이딩의 기본이다.

주식 데이트레이딩의 신 100법칙

주가가 잠시 내려갈 때 진입하면 다른 사람들이 이익을 확정한 후 진입하는 것이므로 트레이딩에서 유리하다.

어떤 종목이든, 어떤 기회든, 주식투자는 주가가 내려갔을 때를 노리는 것이 기본이다.

그 침착한 투자 스타일이 성공의 요건이다.

기본을 벗어나지 않으면 투자의 성공률이 훨씬 높아진다.

하락 한계점을 확인하는 여러 개의 '코마'

67

아침부터 주가 하락의 움직임이 보이면 '오늘은 틀렸나'하며 손을 놓고 있게 될지 모른다.

확실히 우리 같은 개인 투자자에게는 매일 매매를 해야만 하는 이유는 없다. 그것이 강점이기도 하다.

그러나 시세가 이렇게 변동할 때는 눈을 돌리지 않고 하락의 한계점을 확인하는 일이 성공의 열쇠다.

차트 속 날의 주가에서 매수 기회는 계속된 하락 끝에 마침내 매도가 멈추고 작은 보합 속 '코마'가 나타난 뒤다.

'코마'가 나타나고 그 뒤 양봉이 나타나는 것은 그 이하 가격에 매도하는 사람이 없다는 뜻이다.

그다음에 나오는 봉들은 올라갈 수밖에 없다.

이 기회를 재빨리 찾아내서 매수한다. 앞으로 매수가 강세가 되어 매수가 유리해질 것을 예측할 수 있으므로, 수익을 올릴 기회가 된다.

이러한 '하락 한계점'을 놓치지 않고 진입하는 것이 현명한 거래에 필수다.

보통은 주가가 하락하고 있는 종목을 쫓아가지 않는다. 그러나 이 방법에서는 하락한 종목을 끈질기게 따라가다가 하락의 한계점에서 매수하는 뚝심을 보여주자.

승리의 기회를 손에 넣는 실력을 기를 수 있기 때문이다.

주식투자에서는 최악처럼 보일 때야말로 기회가 굴러들어온다.

3769 GMO페이먼트게이트웨이

페넌트형 상승을
노린다

68

'페넌트형 패턴'은 주식투자에서 놓쳐서는 안 되는 기회다.

주가 변동에는 무수한 신호가 있는데, 그중 페넌트형 움직임도 큰 기회이므로 반드시 기억해서 트레이딩에 활용하자.

주가는 매도와 매수의 균형에서 형성된다.

매수보다 매도가 많으면 내려간다.

반대로 매수가 많으면 올라간다.

페넌트형 패턴이란 이 균형이 이루어지면서 주가의 상하 변동폭이 좁아진 후 이윽고 폭발하듯 움직이는 것이다.

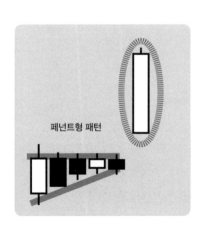

페넌트형 패턴

페넌트형에서는 고가는 변하지 않고 일정하게 유지되지만 저가가 점차 높아지는 특징이 있다.

저가는 상승하고 고가는 그대로인 것이다.

이 상황에서는 주가 상승을 위한 에너지가 축적되고 있다고 생각할 수 있다.

보합에서 벗어나 저항선(중요한 고가와 고가를 연결한 선)을 돌파했을 때가 매수의 기회다.

그다음에는 그 돌파의 기세에 올라타서 잠재적인 이익을 늘려나가면 된다.

이윽고 상승 한계점이 와서 음봉이 나타나는데, 여기가 이익을 확정하고 '후퇴'할 타이밍이다.

이처럼 주식의 움직임은 매수하는 쪽과 매도하는 쪽의 강약에서 비롯되므로 그 힘의 균형을 읽어냄으로써 기회를 잡을 수 있다.

이 방법을 잘 활용해서 수익을 올리는 기술로 삼자.

역하락의 한계점에서
매수한다

69

'긴 어둠 끝에 빛이 보인다.'

이런 표현이 흔히 쓰인다.

주식 시장도 마찬가지다. 그러나 데이트레이딩에서는 악재가 많아서 계속 하락하는 종목이 아니라, **전체적으로 우상향하는 종목이지만 매수가 지나치게 많아 급락하는 국면을 노린다.**

여기서 예로 들 종목의 주가는 아침에 급등한 후로 계속 하락해서 마치 기회가 없는 듯 보였다.

그러나 사람들이 눈을 뗄 때가 오히려 기회라고 생각해야 한다.

이 종목은 평소에 인기가 있고, 일본에서 '이우에몬' 녹차 등으로 유명한 업계 2위 기업이다.

주가는 바닥권에 있지만 언제 다시 인기를 회복할지 모른다.

변함없이 약한 움직임을 보이지만 '매수를 부르는 약세'도 있으므로 흥미롭다. 무한정 하락하지 않는 종목이므로, 하락할 때 매수도 그럭저럭 들어온다.

앞으로 오를 일만 남은 종목의 대표격이라고도 할 수 있다.

하락에 대한 불안이 없는 종목이어서, 화려하게 급등하지는 않지만 손해를 확대시키지도 않는다.

이날의 움직임을 보면 아침의 강세가 무색하게 오전 내내 하락했다.

그러나 오후가 되자 매도가 멈추고 시가와 종가가 똑같은 '도지'가 나타난다.

'팔릴 만큼 팔려서, 더 이상 낮은 가격으로는 팔리지 않는다'라는 신호다.

여기서부터 주가가 서서히 상승해서 매도가 끝나고 매수가 유리해지는 흐름이 된다.

이런 움직임은 흔하고, 매수 진입하면 성공할 확률이 높다.

바닥을 확인하고 과감하게 매수한다.

차트가 이렇게 움직일 때는 반드시 트레이딩하자.

8장

하락의
테크니컬
9특징

투자는 패자의 게임이다.
잘 패배할 줄 아는 사람이 승자다.
찰스 엘리스(미국의 투자자)

문수보살이라도 만약을 대비하지 않고 장사를 하다가는
상황이 바뀌었을 때 망한다.

상승 한계점을 지켜본다

70

주가가 거침없이 오르다 보면 결국 한계점을 맞이한다. 이 시점을 발견하는 일이 중요하다. 올라간 것은 언젠가 내려온다.

데이트레이딩에서는 그날의 주가 파동을 읽어내서 대응하는 일이 매우 중요하다. 차면 기울고, 기울면 차는 자연의 호흡과도 닮은 움직임이 주가 변동에도 존재한다. 이 사실을 이해하면 '좀더, 아직 더 오를 거야'라는 무모한 희망을 가지지 않을 수 있다.

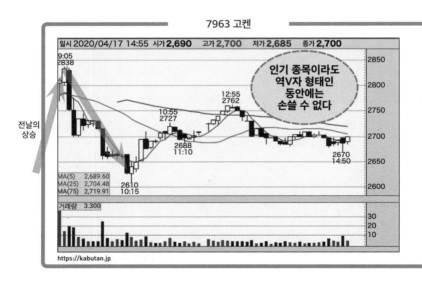

7963 고켄

주식 데이트레이딩의 신 100법칙

주식의 세계에서는 '무제한 상승'은 절대 없다. 반면 하락할 때는 0까지 하락할 가능성이 있다. 이것이 주식투자의 무서운 부분이다.

'슈퍼 하이 리스크, 하이 리턴'이다.

그러나 이 책에서 설명하는 대로 트렌드인 종목, 순풍이 부는 종목에 투자하면 최악의 사태는 일어나지 않는다.

세력주를 노릴 때는 가끔 저가주가 대상이 되기도 하므로, 만약의 경우 주가가 0이 되는 일을 각오해야 한다. 가능하다면 실적이 좋은 종목에 투자하자. 천정을 친 종목은 떨어질 수밖에 없다.

그 타이밍을 놓치지 않고 도망친다.

또는 공매도를 한다.

이런 투자 태도가 리스크를 피하고 리턴을 최대화한다.

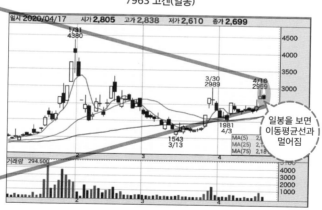

7963 고켄(일봉)

한창 오를 때 나타나는 위꼬리가 위험하다

71

상승의 한계점.

물러날 시점의 대표적인 예로 **주가가 상승할 때 나타나는 '위꼬리'**가 있다. 차트에서 이것만큼 명확한 '매도, 이익 확정'의 지점은 없다.

이 지점을 놓치는 사람이라면 데이트레이딩에 전혀 맞지 않는 사람이라고 해도 좋다.

여기서 예로 든 종목은 아침부터 꾸준히 올랐다.

그러나 위꼬리 양봉을 신호로 음봉이 두 개 나오더니, 그 후로는 음봉이 우세해지며 계속 하락했다.

현재 인기 상승 중인 원격의료의 대표적인 종목이지만, 단숨에 상승하더니 역시나 매도도 나온 모양새다. 이제 놓아줄 수밖에 없다. 물론 이날에 한정되는 이야기다.

'다시 회복되겠지'라고 계속 낙관하기만 하는 트레이딩은 실패의 원흉이다. 아무리 강한 종목이라도 하락은 반드시 발생한다.

오르기만 하던 종목이야말로 오히려 하락이 보장된다.

데이트레이딩에서는 **낙관적인 전망으로 가득할 때 함정이 있다.**

이 변화를 잘 감지하고, 값이 싸다고 덥석 매수하지 않고, 하락의 한계점을 지켜보는 냉철함이 중요하다.

물론 인기 있는 트렌드 종목은 다소 하락해도 걱정이 없으므로, 보유 가치가 하락해도 투자 실패로 이어지지는 않는다.

그러나 데이트레이딩에 한정해서 이야기한다면 '인기 종목의 보유 가치 하락'은 기분이 좋지 않다.

아침부터 쭉쭉 내려가는 주가를 보게 됐다면 절대 오래 쫓아가지 말자. 어설픈 물타기도 피하자. 지금 놓아 주면 다음 기회를 노릴 수 있다.

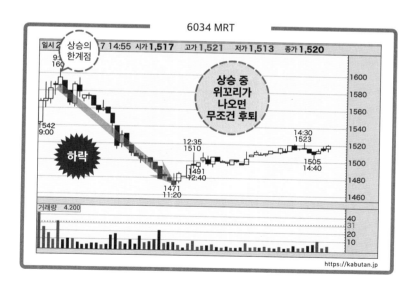

거래량이 늘면서
하락한다면 물러나자

72

이 차트의 움직임도 조정 국면이다. 집필 중인 현재 '집콕'과 관련해서 매우 큰 인기를 얻고 있는 종목인데, 한 방향만을 향하는 움직임은 그다지 없다. 상승과 하락을 반복하며 주가가 움직인다.

이날은 주인공이 바뀌어서 다른 종목으로 매수가 옮겨가는 동향이 나타났다. 그 새로운 균형 때문인지 아침부터 갑자기 큰 음봉이 나왔다.

게다가 거래량이 급증했다. 이런 상황에서 섣불리 '매수할 때다'라

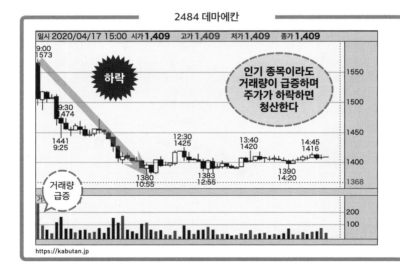

2484 데마에칸

일시 2020/04/17 15:00 시가 **1,409** 고가 **1,409** 저가 **1,409** 종가 **1,409**

하락

인기 종목이라도 거래량이 급증하며 주가가 하락하면 청산한다

거래량 급증

https://kabutan.jp

주식 데이트레이딩의 신 100법칙

고 판단하는 것은 좋지 않다. 어디까지 떨어지는지 침착하게 추적할 필요가 있다. 신용거래라면 공매도의 타이밍이다.

그러나 실제 매도는 능숙한 투자자에게만 가능한 일이다. 어설프게 공매도 주문을 넣었다가 주가가 반등해서 감당하지 못하고 다시 사들이게 되면 전 재산을 날리게 되므로 조심하자.

주가는 오르내리며 하나의 방향을 향한다. 이 '밀물과 썰물'의 리듬을 생각하며 현명하게 거래해야 한다. 주식투자도 지구에서 일어나는 일이므로 자연의 순환과 비슷한 움직임을 보인다는 점을 명심하자.

스윙 투자라면 주가가 내려갈 때는 망설임 없이 이익을 확정한다.

데이트레이딩이라면 전량 매도로 좋은 성과를 얻을 수 있다.

그 순환을 잘못 판단하지 말자.

2484 데마에칸(일봉)

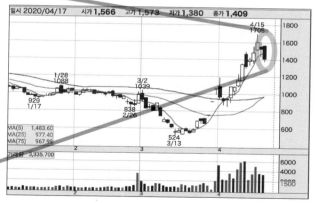

갭 다음에 위꼬리가
이어지면 물러나자

73

데이트레이딩에서 주로 보는 것은 5분봉 차트이지만, 일봉과 주봉의 트렌드와 연결도 확실히 보고 판단해야 한다.

또 주가 동향은 거래량과 자본금, 시가총액, 부동주 등의 데이터에 따라서도 달라진다.

그러므로 데이트레이딩에서는 가능하다면 **매매 거래량이 충분한 종목을 선택해야** 수월하다.

왜냐하면 지정가가 급격히 상승하거나 하락하면 시장가 매도 또는 시장가 매수를 할 때 불리한 주가에서 매매가 성립하기 때문이다.

'생각보다 싼값에 매도하고 말았다'라고 후회하는 일을 겪어서는 안 된다.

여기서 예로 든 종목은 5분봉이 연결되어 주가의 동향을 익어낼 수 있다.

봉차트에서 볼 수 있듯 주가가 서로 부딪치며 고가가 오르내리는 과정에서 갑자기 주가가 위쪽으로 이탈했다.

이 시점은 이익 확정의 타이밍이 되기 쉽다.

왜냐하면 주가가 위로 뛴 단계에서 '매도해야겠군'이라고 생각하는 투자자가 늘어나기 때문이다.

똑똑한 투자자는 주가가 뛰어오른 '유리한 시점'에 이익을 확정한다.

거기서 매도 주문이 늘면 매매의 균형이 무너져서 주가의 방향이 달라지기 때문이다.

그 방향의 전환이 위꼬리의 연속에 나타난다.

매도가 많아지면 음봉이 늘고, 매매하는 사람들도 도망칠 태세를 갖춘다.

이러한 '갭 후의 주가 변동'에서는 이익을 확정하고 물러날 태세를 강화하자.

거래량 급증을 동반한 하락은 손쓸 수 없다

74

아침에 양봉이 있더라도 그 직후 거래량이 급증하며 큰 음봉이 나왔다면 명확한 하락 신호다.

이것은 데이트레이딩보다 스윙에 더 적합한 타이밍이라고 할 수 있다. 아니면 공매도에 더 좋은 타이밍일 수도 있다. 다만 필자는 공매도는 권장하지 않는다.

주가의 방향은 아래쪽일 확률이 상당히 높다.

가지고 있는 주식은 놓아줄 수밖에 없다.

하락하는 동안에는 손쓸 도리가 없다.

차트에서는 투자자들의 심리를 읽을 수 있다.

거래량이 늘면서 주가가 명확히 아래를 향한 단계에서는 이 움직임을 반전시키려면 매우 큰 에너지가 필요함을 알 수 있다.

물론 주식 시장에는 햇병아리 투자자들도 섞여 있으므로, '하락처럼 연출해서 주워 담는' 행위는 일상다반사다.

속임수일 가능성도 낮지 않다.

'차트 장인'이라는 말이 있는데, 그 말처럼 차트상으로 일부러 매도 신호를 꾸며내고 그다음에 급등시킬 가능성도 아주 없지는 않다.

그렇다 해도 이럴 때는 미련 없이 후퇴해야 한다.

주가 하락의 가능성이 높은 국면에서는 차트를 보는 많은 투자자가 똑같은 느낌을 받는다. 그 분위기에 순응해야 실패의 가능성이 낮아진다.

주식투자는 확률 싸움이다.

조류가 바뀌면 순순히 따라가는 유연성도 필요하다.

7047 포트

큰 양봉을 무의미하게 만드는 음봉의 연속에는 기회가 없다 75

아침 일찍 거래량이 증가하는 동시에 큰 양봉이 나타나며 주가가 상승했다.

이대로 계속 올라갈 줄 알았는데, 다음 순간 위꼬리를 단 큰 음봉이 형성되었다.

이곳은 '매도 우세, 이익 확정'의 균형 지점이므로 물러나는 쪽이 현명하다.

잠깐 동안의 조정이라면 주가가 다시 뛰어오를 가능성도 있지만, **음봉 두 개가 나오면서 하락했다면 매도 우세가 확실하다.**

다음 순간에도 작은 양봉을 끼고 커다란 음봉이 나타난다.

하락 트렌드인 5분봉을 볼 때, 이 종목에 오래 머물러서는 안 된다.

스윙에서 보유한 종목이라면 일단 놓아주자.

다음 날 시세를 보고 다시 진입해도 좋고, 새로운 지정가로 도전해도 좋다.

이처럼 우상향하는 인기 종목이라도, 인기로 인한 주가 상승이 있으면 당연히 이익 확정의 매도도 있다.

장기적인 시각으로 보면 얼마간의 가치 하락은 방치해도 괜찮다.

그러나 전시의 데이트레이딩이라는 관점에서 보면 '매도 신호', 즉 큰 음봉이 나온 단계에서 놓아주는 것이 현명하다.

데이트레이딩은 초단기 매매가 되므로, 시시각각 변하는 5분봉을 보며 재빨리 판단해야 한다.

이날의 움직임은 확실히 약세이므로 낙관해서는 안 된다.

고가 보합을
아래쪽으로 이탈하면
명확한 하락 신호

76

아침의 주가 동향은 데이트레이딩에 매우 중요하므로 잘 지켜봐야 한다.

가령 호재가 있어서 매수해도 그다음에 주가가 위쪽으로 움직이지 않으면 청산할 수밖에 없다.

여기서 예로 들 5G 관련 종목의 움직임은 저가는 보합이어서 지지선(중요한 저가와 저가를 연결한 선)이 강력했다. 그러나 주가가 위쪽으로 움직이지 않았다.

이런 움직임은 위험하다.

저가에서는 매도가 이루어지지만, 주가를 밀어 올리는 매수는 모여들지 않는다.

'고가에서 사는 사람이 없다'라는 뜻이므로 조심할 필요가 있다.

이 움직임이 계속되면 실속이 없다는 판단하에 매수하는 사람들이 다른 종목으로 옮겨가는 분위기가 된다.

아니나 다를까 저가가 무너지고 하락 경향이 나타났다.

이처럼 **지지선이 뚫린** 단계에서는 약세 경향이 뚜렷해진다.

매수가 나오지 않고, 초조한 사람들의 매도가 나온다.

즉시 **후퇴**할 타이밍이라는 사실을 파악해야만 한다.

데이트레이딩에서는 '후퇴'를 미련 없이 결정하는 일이 중요하다.

손해를 줄이는 일이 데이트레이딩의 철칙이다.

이 점을 명심하자.

상승을 상쇄하는 '덮개 봉'에서는 후퇴가 현명하다

77

주가가 상승 기조에서 하락으로 전환되는 시점에는 재빨리 이익을 확정하지 않으면 기회를 놓치게 되므로 주의해야 한다.

여기서 예로 들 종목은 아침부터 조금씩 하락이 섞이기는 했지만 양봉이 우세해 상승 기조를 보였다.

그러나 큰 양봉과 작은 양봉이 연속되는 것을 보며 흡족해하고 있을 때, 위쪽을 향하던 주가가 그다음 순간 매도에 밀려 음봉으로 변했다.

매도 압박에 매수가 밀려 약세가 된 것이다.

음봉이 위에서부터 양봉을 덮어씌운다.

'덮개 봉'의 출현이다.

상승 한계점을 보여주는 봉의 조합이므로, 물러나는 것이 곧 이기는 것이다.

명확한 매도 신호다.

이 신호를 놓치면 모처럼 발생했던 수익이 사라져 버리므로, 이익 확정의 타이밍을 놓쳐서는 안 된다.

아직 확정하지 않은 이익은 어디까지나 '가공의 이익'에 지나지 않는다.

'아, 돈이 벌리고 있었는데.'

아쉬워해도 아무 소용이 없다.

이익 확정이 끝나야 비로소 트레이딩의 성과가 있는 것이다.

양봉보다 위에 음봉이 나타난 시점에서 매도가 우세한 장세로 바뀌었다.

거기서 기민하게 판단해서 청산하는 일이 중요하다.

주가는 어디까지나 매도와 매수의 균형이다. 그 사실을 이해해야만 올바르게 판단할 수 있다.

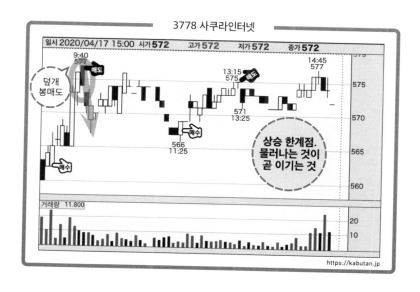

78

상승 후 '음의 하라미'는 상승 한계점

전날까지 호조를 보이며 오늘 아침도 상승한 주가.

어디까지 상승하나 지켜보고 있으려니, 방금까지 위쪽을 향하던 양봉들이 무색하게 주가는 제자리에 멈춘다.

그러더니 작은 음봉들이 연속된다.

이것은 주의해야 할 신호다.

상승 시에 나온 '하라미'(일본어로 잉태한다는 뜻이며, 긴 봉 뒤에 작은 봉이 나타나 마치 배 속에 아이를 품은 형상과 같은 것. 한국에서도 사용하는 용어다)는 주가가 상승 한계점에 다다랐음을 보여주는 하락 신호다.

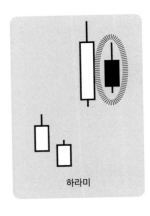

하라미

주가는 어디까지나 수요와 공급의 관계에서 나온다.

그 균형이 무너지면 차트에 명확하게 나타난다. 차트는 거짓말을 하지 않는다.

'하라미'는 앞의 양봉 범위 속에서 움직이는 한편으로 매도에 밀려서 앞의 주가를 넘어서지 못하는 약한 봉이다.

이 패턴이 나타났을 때는 상당한 확률로 주가가 지금으로서는 천정에 다다랐다는 뜻이므로 이익을 확정하고 물러나는 것이 옳다.

주가는 오르내리는 파도와 같지만, 잘못 판단하면 모처럼 상승했던 보유 종목의 가치가 도로 아미타불이 되어 버리므로 트레이딩을 한 보람이 없어지고 만다.

이런 신호가 나오면 망설이지 않고 이익을 확정해야 한다.

'아직 더 오르겠지.'

이렇게 멋대로 생각하면 대체로 실패로 끝난다.

확률을 중시하면서 성공하는 트레이딩을 해야 한다.

4480 메들리

| 일시 2020/04/24 11:30 | 시가 3,165 | 고가 3,165 | 저가 3,165 | 종가 3,165 |

상승 한계점
후퇴하자

거래량 0.100

https://kabutan.jp

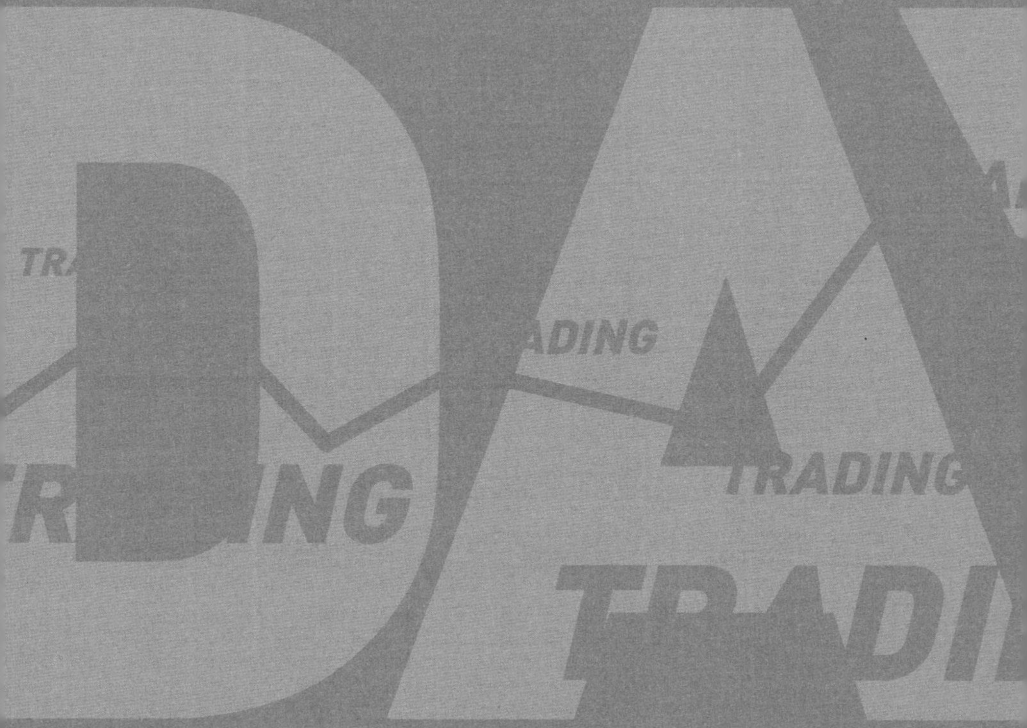
TRADING

9장

호가창 정보를 지켜본다

시세는 항상 절대적으로 옳다. 반면 인간은 자주 잘못된 예측을 품고 잘못된 길을 나아간다. 그러므로 시세의 움직임에 투자자가 맞춰야 한다.
제시 리버모어

있는 그대로 보고 있는 그대로 행동하는 사람을 용기 있는 사람이라고 한다.
찰스 캐롤 에버렛

호가창의 움직임을 보고 체결되는 주문의 가격을 판단한다

79

데이트레이딩에서는 가능한 한 낮은 가격에 매수하면 주가의 움직임 속에서 최대의 수익을 얻을 수 있다. 그렇다면 어떻게 하면 될까?

현재 가격으로 매수할 때는 '시장가 주문'을 하면 된다.

그러나 그렇게 했다가 주가가 내려가면 잠재적 손해가 발생한다.

그러므로 그날의 5분봉을 확인한 후 최저가 부근에서 지정가 주문을 하자. 나아가 그보다 더 낮은 가격에도 지정가 주문을 넣는다.

밑져야 본전이다. 체결되지 않으면 그뿐이다.

'그 값에 체결되면 좋고' 정도의 태도를 가지지 않으면 주식에서 성공할 수 없다.

호가창 정보를 보면 낮은 가격에도 수많은 주문이 보이는데, 이것은 '체결되면 좋고'라고

-	시장가	-
매도	지정가	매수
30,000	OVER	
400	1760	
500	1740	
800	1720	
1,200	1700	
2,000	1680	
	1660	12,000
	1640	4,000
	1620	2,000
	1600	3,000
	1580	1,200
	1560	1,000
	1540	800
	UNDER	20,000

밑져야 본전

주식 데이트레이딩의 신 100법칙

생각하는 사람들의 지정가다. 매번 체결에 실패한다면 트레이딩을 할 수 없다. 그러므로 5분봉의 움직임을 보면서 하락 후 반등을 향하는 시점에서 시장가 매수 주문을 넣는 것도 하나의 방법이다. 주가가 종일 우상향이라면 매수해도 문제없다.

여기서 예로 든 종목은 북한 정세의 불안을 배경으로 국방과 관련해 주목을 받은 종목이며, 아침부터 강력하게 상승했다. 이 시점에 매수하지 않더라도 언젠가 이익 확정으로 인한 하락이 찾아온다. 오후에 내려갔을 때 매수하면 된다.

주가가 움직이던 중 잠시 하락하는 시점은 절호의 매수 기회다.

물론 다양한 테마의 종목이 온갖 수단을 써서 등장하므로 고정관념은 금물이다. 그저 '가능한 한 싸게 살 수 있는' 가격을 찾아내자.

'특별매수호가'에는 시장가 주문을 넣는 방법도 있다

80

주식 매매는 매도 주문과 매수 주문이 서로 멀리 떨어져 있지 않고 균형을 이루면 '즉시 성립'하는 것이 원칙이다.

그러나 아침 첫 매매든, 장중이든, 매도나 매수 중 한쪽이 급증했을 때는 '특별 호가' 표시가 뜨면서 매도와 매수 주문이 균형을 이룰 때까지 매매가 성립하지 않는다. (일본 증시에는 한국과 같은 서킷브레이커 없는 대신, 한 종목의 매수와 매도가 지나치게 불균형을 이룰 경우 매매를 중단하는 '특별 호가' 제도가 있음)

그러면 어떨 때 '특별매수호가'가 나올까? 여기에 인용한 호가창의 균형을 보면 주가가 600엔일 때 호가 단위가 10엔을 넘는 주가에서는 매매가 성립하지 않는다. 매도에 640엔이 2,000주 있지만 40엔이나 되는 폭이 있기 때문에 매매가 성립하지 않는다.

그러다가 3,000주의 시장가 매수가 들어오고, 그 주가가 '특별매수호가'로 표시된다. '자, 여기서 매도 주문을 넣으세요'라고 호가창이 재촉하는 것이다. 매도 주문이 나오지 않으면 3분 후 '특별매수호가'는 20엔의 폭을 두고, 그보다 3분 후에는 30엔의 폭을 두고 표시된다. 이렇게 해서 매매의 균형을 재촉하는 동안 매도와 매수가 모여들어, 매도 호가와 매수 호가를 종합해서 성립하는 것이다.

여기서 예로 든 호가창에서는 '그렇게 싼값에는 못 팔지' 하는 매도 호가가 나타나 있으므로, 특별매수호가가 나올 시점에 시장가 매수 주문을 넣는 것이 좋다. 100주든 500주든 시장가 매수가 최우선으로 성립함을 알아두자. 가장 낮은 매도 호가에서 매매가 성립하므로, 꼭 매도하고 싶다면 시장가로 매도하거나 거기서 조금 떨어진 낮은 가격으로 매도 주문을 넣으면 체결되기 쉽다.

다만 매도를 할 때는 큰 손해를 볼 수 있으므로, 손에 든 종목을 내던질 때 외에는 침착하게 판단하자.

그렇게 해도 수익이 난다면 문제는 없다. 그리고 특별매수호가에 표시되는 호가 단위는 주가에 따라 달라진다.

특별매수호가의 호가 단위					
특별 시세	**단위**		–	시장가	3000
200 엔 미만	위아래 5 엔		매도	지정가	매수
500 엔 미만	8 엔				
700 엔 미만	10 엔				
1,000 엔 미만	15 엔				
1,500 엔 미만	30 엔		2,000	640	
2,000 엔 미만	40 엔		0	630	
3,000 엔 미만	50 엔			620	
5,000 엔 미만	70 엔			610	S	3000
7,000 엔 미만	100 엔			600	1000
10,000 엔 미만	150 엔			590	2000
15000 엔 미만	300 엔			580	3000
20,000 엔 미만	400 엔			570	
30,000 엔 미만	500 엔				
50,000 엔 미만	700 엔				
70,000 엔 미만	1,000 엔				

특별매수호가 표시.
'특' 등으로 표시되는 경우도 있다.

'호가창 연출'은
매도와 매수 양쪽에
나타난다

81

주식 매매를 하면서 호가창 정보를 보고 있으면 개장 시간 전이든 또는 장중이든, 주가를 조작하려 하는 큰손들의 '의도적인 주문'이 꽤 많이 보인다.

소위 '호가창 연출'이다.

가령 강력하게 상승하는 주가의 경우, '조금 내려갔으면 좋겠다'라는 의도에서 한두 자리 많은 매도 주문이 나온다.

매도 주문이 지나치게 많으면, 그 주문을 소화할 매수 주문이 나오기까지 시간이 걸린다. 아무리 사고 또 사도 주가가 올라가지 않아서 기다리다 지친 투자자들이 시장가 매도 주문을 넣기 때문에 자연스럽게 주가가 내려간다.

'호가창 연출'의 성공이다.

이 타이밍에서 호가창을 연출한 세력은 저렴한 가격에 매수 주문을 넣어서 물량을 확보한다.

주가가 매우 강세일 때는 사람들이 아랑곳하지 않고 매수하기 때문에 효과가 없지만, 약간 강세인 정도에는 호가창 연출의 효과가 크다. 그래서 세력들은 자주 이렇게 해서 주가를 조종한다.

또 매수 쪽에도 어느 정도 위치에서 대량의 주문을 넣어서 '이 아래로 주가가 내려가게 내버려 두지 않겠다'라는 의도를 비친다. 이런 호가창 연출도 효과가 있어서, 하락을 멈추는 경우가 많다.

그러나 폭락에 가까울 때는 거대한 물량의 매도가 시장가로 이루어지므로 효과가 적다.

호가창 연출이 효과가 있는 것은 흔히 일반적인 거래 속에서 시세를 조작하는 경우다.

호가창 연출을 보고 그 너머에 있는 '큰손들의 의도'를 느끼며 매매하는 것이 호가창을 현명하게 읽어내는 방법이다.

호가창의 뒤에 있는 매수 세력, 매도 세력의 생각을 파악하자.

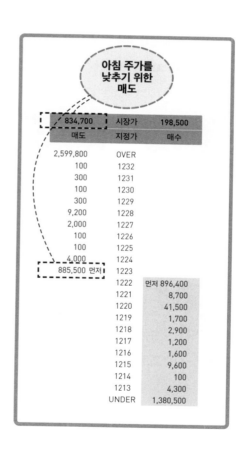

매도		매수
834,700	시장가	198,500
매도	지정가	매수
2,599,800	OVER	
100	1232	
300	1231	
100	1230	
300	1229	
9,200	1228	
2,000	1227	
100	1226	
100	1225	
4,000	1224	
885,500 먼저	1223	
	1222	먼저 896,400
	1221	8,700
	1220	41,500
	1219	1,700
	1218	2,900
	1217	1,200
	1216	1,600
	1215	9,600
	1214	100
	1213	4,300
	UNDER	1,380,500

아침 주가를 낮추기 위한 매도

집요한 호가창 연출은
명백한 작전 세력의 조종

82

　같은 호가창 연출이라도 한 번 정도라면 펀드의 '속도 조정'이지만, 부자연스럽게 빈도가 높다면 명백하게 작전세력이 의도적으로 주가를 조종해서 '차트를 만들어내는' 행위다.

　이런 호가창이 빈번하게 나타나는 것은 대형주가 아닌 소형주, 그 중에서도 신흥 소형주, 특히 시가총액이 적은 종목이다.

　부동주도 적으므로 작은 규모의 매매로도 고가와 저가를 통제할 수 있다.

　게다가 성공률이 높다.

　작전세력에는 다양한 구성원들이 참여해서 이익을 기대한다.

　게다가 등급이 높은 회원과 일반 회원이 따로 존재한다.

　주가를 밀어 올리는 초반에는 상급 회원들에게 매수를 시키고, 마무리할 때는 적은 자금을 가진 일반 회원들이 다수 출동한다.

　물론 일반 회원들도 손해를 보게 할 수 없으므로, 일반 회원들이 빠져나갈 타이밍에는 상투를 잡기 쉬운 개인 투자자들의 매수를 유도한다.

호가창을 조작하는 목적은 이것이다.

개인 투자자는 이런 '호가창 조작'을 간파해야 한다.

특히 낮은 가격에 마치 대량의 매수가 있는 듯 연출하는 호가창을 조심해야 한다.

더 낮은 가격이 있으니 괜찮다고 안심해서 그보다 높은 가격에 매수하면, 그때까지 보이던 낮은 가격의 호가창이 순식간에 사라져 버린다.

주식투자의 세계는 어떤 의미로 '속고 속이는' 세계다.

펀드와 작전세력은 물론이고 대형 증권회사들마저 그렇게 한다.

회사의 중요한 고객, 특히 수수료를 많이 지불하는 고객을 위해 호가창 연출을 이용한다.

주식의 세계는 결코 공정하지 않다.

그 사실을 아는 것이 대전제다.

어둠 속에서 움직이는 적을 간파한다.

그 영리함이 투자의 성공을 가능하게 한다.

주의해서 투자하자.

장 마감 직전 거래량이 늘어나서 호가창이 길어진다면 정보 유출

83

주식투자는 15시에 마감된다. (*한국은 15시 30분)

그다음에는 17시부터 24시까지 야간거래가 이루어진다. (*한국에는 해당되지 않음)

15시 마감 직전에 갑자기 호가창이 급격히 움직이며 주가가 쭉쭉 올라갈 때가 있다.

그 이유는 무엇일까?

바로 정보 유출이다.

내부자거래에서 비롯되는 매수다.

기업의 결산 등 다양한 정보는 거래가 이루어지는 '장중'을 피해서 장이 마감되는 15시 후에 발표된다.

호재가 있어서 주가가 영향을 받을 경우, 야간거래 시장에서 상한가가 된다.

다음 영업일의 시장에 이 흐름이 연결되어, 주가가 크게 오른 채로 시작하는 일이 많다.

그런데.

그 호재는 어째서인지 15시 전의 주가에 반영되기 시작하는 경우가 적지 않다.

정보 사회.

데이터는 인간이 다루는 것이므로 누군가가 유출한다.

단언할 수는 없다.

결정적인 증거는 없다.

그러나 어째서인지 호재가 마감 전의 주가와 거래량에 반영되기 시작한다.

이상한 일이지만 어떻게 할 수 없다.

그러므로 이 이변을 한발 빨리 감지해서 몇 초 단위로 확인하며 진입하는 것이 현명하다.

다만 속임수인 경우도 있다.

서둘러 매수했는데 아무 일도 일어나지 않는 상황도 때때로 있다.

그러므로 매수한다 해도 욕심을 부리지 않고 100주, 200주의 작은 단위로 조심스럽게 매수하는 데에서 끝내는 것이 좋다.

주식에서는 리스크를 감수하지 않으면 성공할 수 없지만, 리스크를 통제하는 일도 중요하다.

8시 59분 호가창으로
판단하라

84

주식 시장은 아침 9시에 개장한다.

주가가 일제히 움직이기 시작한다.

상승과 하락을 예측하는 단서는 앞에서도 설명했듯 아침 8시부터 시작되는 '개장 전 호가'다.

그러나 개장 전 호가창은 시시각각 달라진다.

아침 8시에 뚜껑을 열어 보면 나타나는 호가창은 8시 전의 지정가와 시장가 데이터다.

그러나 펀드, 기관 투자자, 외국인 투자자는 재료와 차트, 호가창을 보고 행동을 개시한다.

그것도 개장 전 매매의 균형을 살피며 상승을 뒤좇을지, 또는 후퇴할지 신중히 결정한다.

시장의 싸움은 이렇다.

게다가 큰손들과 세력들은 호가창을 '연출'한다.

그 빈도는 매우 높아서, 마치 법에 저촉되지 않는 행위인 양 드러내 놓고 이루어진다.

그래서 데이트레이딩을 할 때는 아침 9시 직전까지 개장 전의 호가창 변화를 살펴봐야 한다.

스마트폰으로 트레이딩하는 경우도 마찬가지다.

9시에 회사 업무를 시작하는 월급쟁이 트레이더들은 바쁘다.

그 타이밍에 변화가 있기 때문이다.

가능하다면 그런 경향이 있는 종목에는 손을 대지 않거나, 외근을 하는 경우에 한해 거래하는 것이 좋다.

왜냐하면 '호가창 연출'의 경우는 8시 59분이라는 아슬아슬한 시각에 갑자기 주문이 사라지는 일이 많기 때문이다.

'어? 뭐야. 방금까지 있었던 매수 어디 갔어. 매도 어디 갔어!'

개장 전의 호가창 연출에 속아서 매수한 사람은 이렇게 어안이 벙벙해질 것이다.

그러므로 수상한 조작을 감지했다면 그 종목의 매수는 포기하는 편이 좋다.

개장 시의 고가에 매수해서 상투를 잡고 마는 실패 중 상당수는 개장 전 호가창에 속은 경우다.

부디 조심하자.

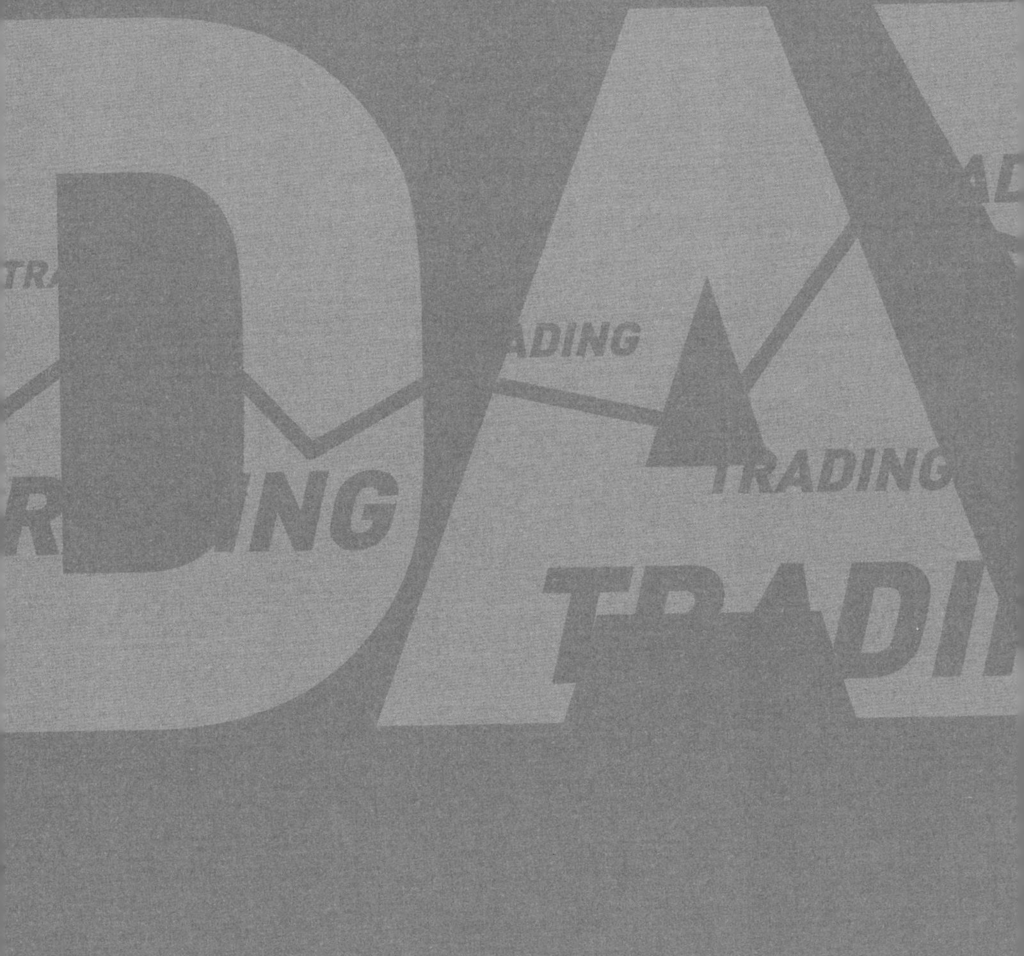
TRADING

10장

데이트레이딩 에서도 일봉을 읽어 둔다

기회를 붙잡을 절호의 날은 바로 오늘이다.
존 C. 맥스웰

모든 사람이 깜짝 놀라는 가격이 나타나면, 그 가격은 오래가지 못한다.

일봉의 경향을 파악하고 투자에 임한다

 뒤의 큰 숫자: **85**

데이트레이딩은 그날그날의 주가 변동에서 승패가 갈리는데, 일봉 차트를 보면 종목에 따라 '양봉이 많다' '음봉이 많다'와 같이 **가격 동향의 경향**이 있다. 이 사실을 이해하고 투자에 임하면 성공 확률이 높아진다. 여기서 예로 들 재봉틀 관련 종목은 마스크 부족으로 인해 주가가 우상향이 되었다. 게다가 일정한 리듬으로 움직인다.

양봉이 나타나며 **강력하게 상승**하는 과정이 있고, 그렇게 어느 정도

6445 자노메미싱공업

일시 2020/05/13 15:00 시가 **447**   고가 **447**   저가 **447**   종가 **447**

14:45 454

매도   455

450

10:15 444

매도   445

438 14:00   매수   440

435

강력하게 상승하는 리듬 속에 있음을 파악

429 9:00 매수

MA(5) 450.00
MA(25) 445.04
MA(75) 439.81

430

거래량 25.000

20
10
0.5

https://kabutan.jp

오르고 나면 제자리걸음을 한다. 그러다 며칠 지나면 다시 상승한다.

이것은 이익 확정을 위한 매도를 소화한 후 주가가 다시 상승하는 현상이다. 이런 흐름 속에서 전날은 주가가 제자리걸음을 했으니 오늘은 오를 것이라고 예측하고, 전날까지의 가격 동향을 보며 지정가 주문을 하면 수익을 올리기 쉽다. 재봉틀은 그전까지 그다지 주목을 받지 못했지만, 마스크 부족이 장기화하면서 건강을 지키기 위한 방법으로 마스크 만들기가 유행하기 시작했다.

이처럼 그전까지 없었던 재료나 인기 종목이 나타나서 트레이딩의 대상이 될 때가 있다. 주가와 트레이딩은 그때의 사회 현상, 소비 행동, 기업 활동을 반영한다. 그 흐름을 파악하고 매수해야 한다. 이때 일봉의 경향을 알기가 매우 쉬운 종목은 투자하기 쉽다.

6445 자노메미싱공업(일봉)

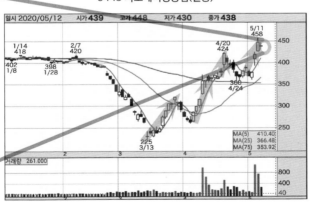

우상향은
수익이 난다

86

주가의 움직임은 그때의 시세 환경에 좌우된다. 깔끔한 우상향 그래프를 그리는 종목의 움직임은 자연스럽게 알 수 있다.

이 원고를 쓰고 있는 시점에는 전국의 모든 사람이 살균 제품을 구하고자 하는 '사회 현상'을 배경으로, 관련 제약회사 등의 제품이 잘 팔리고 주가도 안정적으로 오르고 있다. 그 덕분에 **주가는 안정적으로 우상향하고 있다.** 때때로 내려가기도 하지만 일봉은 대부분 양봉으로

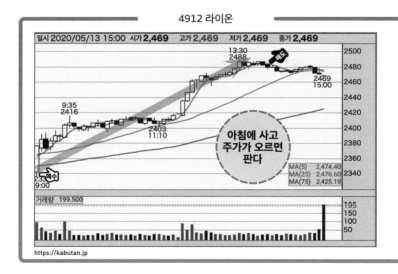

4912 라이온

　　　　　　　　　　　　　　　　　주식 데이트레이딩의 신 100법칙

이루어져 있다. 이런 상황에서 트레이딩을 할 때는 매일 아침에 매수하고, 주가가 오르면 판다. 이 한 종목에만 집중해 그렇게 거래함으로써 매우 높은 확률로 성과를 얻을 수 있다.

연일 양봉이 이어지기 때문에 아침 주가보다 마감 주가가 높아, 손해를 보려야 볼 수가 없는 이상적인 봉차트다. 만에 하나 매수한 뒤 주가가 크게 하락해도, 기다리다 보면 다시 매수 가격을 넘어선다.

이러한 일봉이 특징인 종목은 흔한 편이므로, 이런 종목을 골라 트레이딩하자. 물론 차트는 과거의 발자취이므로 다음에도 반드시 똑같을 것이라는 보장은 없다. 그러나 '주가의 경향'은 마치 버릇과도 같다. 앞으로의 움직임에 대한 힌트가 된다.

주가의 버릇, 일봉의 특징을 읽어내서 효율 좋은 트레이딩을 하자.

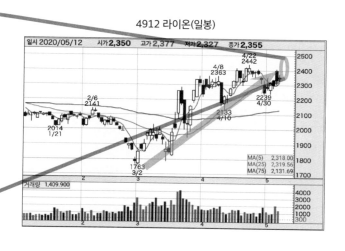

4912 라이온(일봉)

양봉이 이어지는 종목의 경향을 활용하자

87

그때그때 트렌드에 따라 우상향하는 종목이라도 일봉에는 다양한 경향이 있다.

종목마다 특유의 강세와 약세가 있기 때문이다.

실패가 적은 데이트레이딩을 위해서는 **일봉 차트가 우상향이면서** '양봉이 많은 종목'을 고르면 확실하다.

여기서 예로 들 종목은 외출 자제와 '집콕'으로 인한 온라인 쇼핑

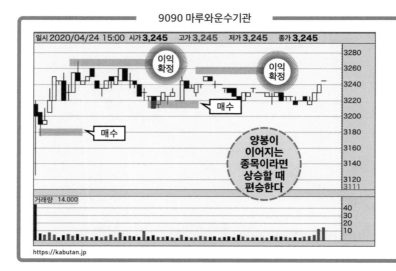

9090 마루와운수기관

일시 2020/04/24 15:00 시가 **3,245** 고가 **3,245** 저가 **3,245** 종가 **3,245**

이익
확정

이익
확정

매수

매수

양봉이
이어지는
종목이라면
상승할 때
편승한다

거래량 14.000

https://kabutan.jp

증가의 혜택을 직접 받은 운송 관련 종목이다.

눈에 띄는 종목은 아니지만 일봉 차트를 보면 연초 이후 최고 주가를 기록하며 상승 둔화의 압박 없이 '무제한 상승형' 움직임을 보인다.

상승하는 양상을 보면 대부분 양봉이다.

독자 여러분도 알겠지만 양봉은 시가보다 종가가 높은 봉이다.

물론 하루 동안 다소 오르내림이 있지만 시가보다 올라간 상태로 마감할 가능성이 매우 높으므로, 데이트레이딩의 성공률이 높아진다.

다만 그 상승폭은 매일 다르다.

적당한 가격 폭에서 이익을 확정하는 것이 좋다.

일봉을 봐도 첫 하락 후의 큰 양봉이 적으므로, 소폭으로 거래하는 데이트레이딩이 전제가 된다.

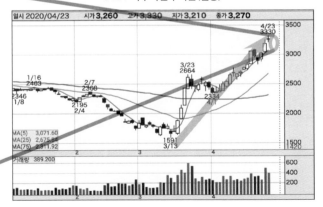

9090 마루와운수기관(일봉)

교대로 나타나는
음봉과 양봉도 활용한다

88

    같은 우상향이라도 일봉을 보면 음봉과 양봉이 교대로 나타나거나 어지럽게 뒤섞여 있는 종목도 있다.

    이런 종목은 **방심한 채 진입하면 손해를 볼 가능성도 있다.**

    봉차트와 호가창의 움직임을 잘 지켜보며 매매하자.

    여기서 예로 들 일봉은 **이틀마다 음봉이 나타나는** 리듬이 특징이다.

    그 경향을 파악하고 '오늘은 진입하자' '오늘은 지켜보자'라고 판단

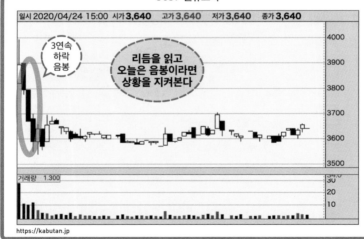

9057 엔슈트럭

주식 데이트레이딩의 신 100법칙

해서 데이트레이딩에 임하는 것이 성공률을 높이는 비결이다.

이날도 전날은 갭상승했고, 아침에는 간신히 양봉을 형성했다가, 3 연속 하락 음봉이 나타났다. 이럴 때는 가만히 지켜보는 것이 좋다.

물론 똑같은 흐름이 언제까지고 계속된다는 보장은 없다. 그러나 이런 봉이 나타나면 하락할 가능성이 매우 높음을 염두에 두고 매매 하는 것이 좋다. 그 사실을 이해하고 손실과 수익이 반복되는 트레이딩 에서 벗어나자. 트레이딩은 확률 싸움이다.

조금이라도 확률이 높은 시세 환경에서 싸우는 것이 바람직하다.

같은 주가라도 그 변동 경향은 제각각이다. 그 경향을 완전히 파악 하고 트레이딩에 활용하는 것이 성공하는 방법이다.

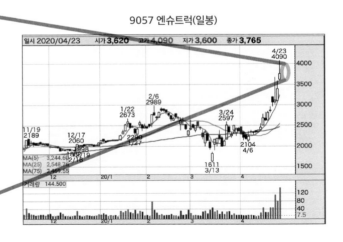

9057 엔슈트럭(일봉)

하락 트렌드에는 기회가 적다

89

일봉에서 하락 트렌드가 나타나는 종목은 보통 양봉보다 음봉이 많다. 그렇게 되면 아침에 강세이고 마감 즈음에 약한 트렌드가 된다. 가끔 양봉이 나타나면서 아침에 약세였던 주가가 마감 즈음에는 상승하는 경우도 있으나, 하락할 확률이 더 높다.

어지간히 좋은 재료가 나오지 않는 한 이런 종목으로 데이트레이딩을 하는 일은 피하는 것이 현명하다.

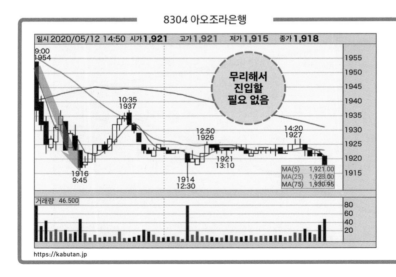

8304 아오조라은행

여기서 예로 들 종목은 금융 관련인데, 일봉 차트를 봐도 닛케이 평균 트렌드보다 더 약한 움직임을 보인다.

전체 시세가 급락에서 약간 회복했음에도 이 종목의 주가 동향은 좋지 않으므로, 웬만큼 좋은 재료가 없는 한 수익성이 없다.

5분봉 차트에서도 아침부터 큰 음봉이 나온 뒤로 여러 개의 음봉이 이어진다. 데이트레이딩의 대상은 아니다.

다만 주가가 늦게 회복되는 종목은 펀드 등이 펀더멘털의 면에서 '실제 가치보다 저렴하다'고 판단해 회복이 시작되는 국면에서 진입하기도 한다.

전혀 무시할 수는 없지만 당분간은 그저 지켜보는 것이 좋다.

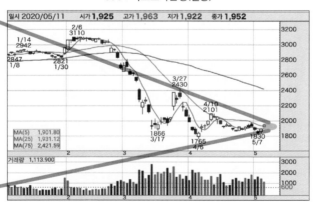

8304 아오조라은행(일봉)

보합 시세 후의
상승을 노린다

90

주식투자에서는 수익이 날 확률을 최대화하는 일이 곧 성공의 최대 열쇠다. 그 의미에서 일정한 범위에서 '오락가락하는 움직임'은 수익이 날 확률이 높다.

제약회사 종목은 바닥을 친 뒤 회복했는데, 7~8,000엔의 범위에서 움직이고 있다. 그 뒤에 어떻게 될지 완벽히 예측할 수는 없지만 **보합트렌드 가운데 하락에 다다른 단계에서는 매수해도 실패가 적다.**

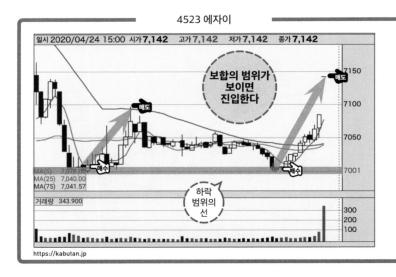

4523 에자이

일시 2020/04/24 15:00 시가**7,142** 고가**7,142** 저가**7,142** 종가**7,142**

보합의 범위가 보이면 진입한다

매도

매도

매수

매수

MA(5) 7,078.06
MA(25) 7,040.00
MA(75) 7,041.57

하락 범위의 선

거래량 343.900

https://kabutan.jp

나름대로 재료도 내포하고 있으므로, 주가가 내려갈 때는 무언가 재료로 인해 마치 뒷북을 치듯 매수가 들어올 가능성이 충분히 있다.

이 주가 변동은 자연스러운 것이 아니라, 한 세력이 매수로 주가를 올리는 조작을 실시하고 그것을 다른 세력이 따라가는 움직임이라고 볼 수 있다. 그러므로 **보합권에 있는 차트를 보고 진입하기에는 딱 좋은 종목**이라고 할 수 있다.

이렇게 '작전세력'의 의도를 읽고 자금을 투입하면 큰 실패는 적다.

주식의 세계에서는 전략을 읽어내고 한발 먼저 편승하는 사람이 승리한다. 보합권에서 오르내리는 시세를 활용할 수 있는 이유는 크게 상승하지는 않지만 '박스권 내 움직임'이어서 상승하고 하락할지 예측하기 쉽기에 큰 실패가 없기 때문이다.

4523 에자이(일봉)

주가 침체 시의 데이트레이딩은 승률이 낮다

91

당연한 이야기다. 데이트레이딩은 전체 시세가 강세일 때 실시해야 효율이 좋다. 급락하거나 급등하는 속에서 수익을 올리고 싶다면, 우상향하는 종목, 시대 상황에 맞는 종목에 한정해서 투자하자.

하락할 때 공매도로 승부하는 방법도 있다. 대형 증권 세력들은 '공매도 작전'으로 주가를 무너뜨려서 돈을 버는 방법을 쓸 때가 있다.

그러나 공매도는 가격이 오를 경우 큰 손실을 볼 리스크가 있다. 평

소 상승 트렌드에 편승해서 매매하는 데에 익숙해져 있는 사람은 좀처럼 도전하기 어렵고, 매매를 잘못하는 경우도 적지 않다.

여기서 예로 들 부동산 관련 종목의 경우, 업계 동향은 나쁘지 않지만 결국 그것은 코로나 이전의 관점이다. 외출 자제가 끝나도 재택근무가 중시되고 불황과 도산이 많은 환경에서 사무실을 확장하거나 집을 마련할 여건은 되지 않을 것이다. 업계에 따라, 시기에 따라, 순풍이 부는 기업도 있고 역풍을 맞는 기업도 있다.

이 동향을 판단해서 그 기업의 실적이 앞으로 어떻게 될지 확실히 생각해 보고 투자하는 것이 중요하다.

기업의 환경은 시대와 경제 여건의 변화에 따라 크게 달라진다. 주가가 오를 가능성보다 내릴 가능성이 높은 종목은 단기간이라도 손을 대지 않는 쪽이 현명하다.

8801 미쓰이부동산(일봉)

10년간의
차트도 봐둔다

92

　데이트레이딩에 왜 10년간의 차트가 필요한지 의문이 들지도 모른다. 그러나 주가에는 하나의 방향이 있다.

　장기적인 시야에서 볼 때 상승세인 종목이라면, 일 단위의 주가에도 그 상승세가 나타난다. '이 종목은 트렌드다'라고 보는 사람이 많으면 매도보다 매수가 강세가 된다.

　눈앞의 상승과 하락을 보고 트레이딩을 하더라도, 기본적으로 '이

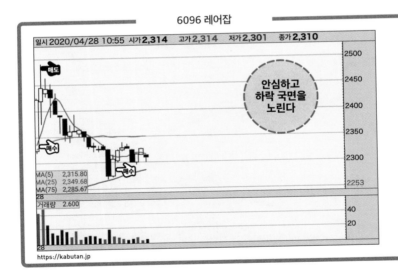

6096 레어잡

회사는 성장할 것이다. 시대성이 있다'라고 생각되는 회사라면 하락할 때도 예상 가능한 범위에서 하락한다.

그러므로 트레이딩을 하다가 하락 국면이 있어도 놀라지 않는다. 자신감을 배경으로 트레이딩을 할 수 있다는 장점이 있다.

물론 10년 차트를 보고 당장의 동향을 읽어낼 수는 없지만 '장기적인 시각'은 매매에서 안정제가 된다.

주식 매매에서는 '실패하지 않을까?'하는 불안에 항상 시달린다.

그 불안이 아슬아슬한 순간에 견딜 수 없는 정신적 타격을 주기 쉽다.

10년 차트에서 근거를 발견하는 목적은 그 불안의 완화다.

유리하게 활용할 수 있는 것은 무엇이든 활용하는 것이 좋다.

여기서 예로 든 인터넷 영어 회화 관련 종목의 차트는 그야말로 한 시대의 도래를 보여준다.

6096 레어잡(월봉)

주봉, 월봉으로
트렌드의 경향을 읽는다

　5분봉과 일봉은 '초단기'의 움직임이다. 반면 월봉과 주봉의 움직임은 초단기의 움직임을 상쇄하고 완만한 흐름과 방향을 보여준다. 초단기 동향만 보고 놀라거나 부정적인 생각을 하지 않아도 된다.

　특히 주봉은 매일 움직이는 주가의 평균을 내서 하나의 방향을 제시한다. '지금은 별로지만 앞날은 밝다'라는 흔들리지 않는 자세로 임할 수 있는 효과가 있다.

2702 일본 맥도날드홀딩스(주봉)

5분봉은 뉴욕 주가와 완전히 연동되기 쉽고, 아침의 주가 위치에까지 영향을 준다. 가령 다우 지수가 내려간 아침에는 주가가 약하게 시작하는 경우가 많다.

그러나 주봉의 트렌드가 상승이라면 당장 눈앞의 움직임에 현혹되지 않고 차분하게 생각해서 트레이딩에 임할 수 있다.

여기서 예로 든 종목은 월봉에서는 보합이다. 그러나 주봉에서는 확실히 하락 후의 반등 국면이다.

이 경향은 일봉에서 더욱 선명해진다.

주봉이라는 어느 정도 긴 시간 속에서 확실히 상승 중이라면, 하루하루의 동향이나 어느 특정한 날의 동향에 다소의 흔들림이 있어도 걱정할 필요가 없어진다. 차분한 트레이딩이 가능해질 것이다.

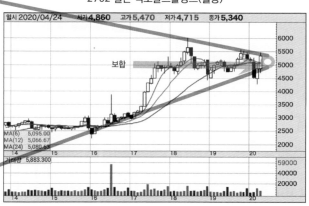

2702 일본 맥도날드홀딩스(월봉)

오버나잇도 일봉에 따라 달라진다

94

어떤 종목이 완전히 새로운 흐름 때문에 인기를 얻어도, 하루하루의 동향에서는 이익 확정을 위한 매도가 강세여서 그날 안으로 청산할 기회조차 없는 경우가 있다. 5분봉을 이용한 예측은 완벽하지는 않기 때문에 모처럼 인기 종목에 진입했는데, 보유 가치가 하락한 상태로 하루가 끝나고 마는 일도 있을 것이다.

오랫동안 트레이딩을 하다 보면 얼마든지 겪는 상황이다.

2587 산토리식품인터내셔널

이 경우는 트렌드가 완전히 상향이고 인기가 증가하는 경향이 있다면 '오버나잇'하는 것도 하나의 방법이다.

하룻밤이나 2~3일이 지난 후 이익 확정의 기회를 잡는다.

이 정도로 마음의 여유가 있으면 좋다. '데이트레이드딩이니까 절대 다음 날까지 끌지 않는다'라고 결정해 버리면 크게 초조해질 수도 있고, 만회의 기회를 스스로 버리는 결과가 된다.

물론 다음 날로 넘어간다고 해서 성공한다는 보장은 없다. 그러나 트렌드가 매우 뚜렷한 우상향이라면 서둘러 청산할 필요는 없다.

때로는 마음의 여유가 있는 트레이딩이 필요하다. 데이트레이딩이라도 머릿속에는 일봉과 주봉을 염두에 두고 매매하는 침착함이 필요하며, 넓은 시야에서 바라봐야 더 성공적인 투자를 할 수 있다.

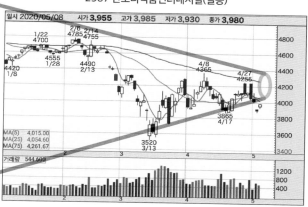

2587 산토리식품인터내셔널(일봉)

종장

스윙도 활용해서 수익을 올린다

어떤 일이든 실제로 이뤄낼 때까지는 불가능하게 생각되는 법이다.
넬슨 만델라

기회는 역경의 한가운데에 있다.
알버트 아인슈타인

스윙을 성공시켜
수익을 대폭 늘린다

95

   장점은 '다음 날까지 끌지 않고' '다음 날의 리스크를 회피한다'는 것이다. 역지정가로 손절과 청산을 설정하며 저렴하게 매수한다.

   작은 이익 폭을 큰 거래단위로 만회해 돈을 번다.

   이런 스타일이 대부분이다. 앞날이 유망하다든가 실적이 호전되었다는 등의 테크니컬이나 펀더멘털 정보는 그다지 필요하지 않다.

   그러나 데이트레이딩을 주로 하는 한편으로 주가의 트렌드에 따라

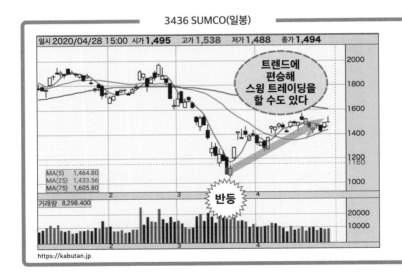

3436 SUMCO(일봉)

일시 2020/04/28 15:00 시가 **1,495** 고가 **1,538** 저가 **1,488** 종가 **1,494**

트렌드에 편승해 스윙 트레이딩을 할 수도 있다

MA(5) 1,464.80
MA(25) 1,433.56
MA(75) 1,605.80

반등

거래량 8,298.400

https://kabutan.jp

주식 데이트레이딩의 신 100법칙

서는 일봉의 상승 트렌드를 잘 활용해 스윙 트레이딩을 병행하면 수익의 규모가 달라진다. 주가의 움직임에는 재료가 있다. 우상향이라면 방향 전환이 있기 전까지는 확실하게 수익을 올리는 것이 바람직하다.

하루 동안 벌고 끝낼 것인가, 리스크는 있어도 어느 정도 기간을 두고 수익을 올릴 것인가. 둘 중 어느 방법을 택할 것이냐의 문제다.

일반적으로는 데이트레이딩뿐만이 아니라 시세 환경에 따라 스윙이나 중기 투자도 염두에 두고, 가능한 한 많은 수익을 축적할 수 있도록 임기응변으로 대응하는 경우가 많을 것이다.

이 책에서는 데이트레이딩을 중심으로 설명했지만 스윙이나 중기 투자를 부정하는 것은 아니다. 똑똑하게 데이트레이딩과 스윙을 섞어서 '이기는 투자'를 하자.

3436 SUMCO(주봉)

바닥을 친 우량 종목은
스윙으로 이행

96

종목에 따라 하락 트렌드에서 상승 트렌드로 전환되는 타이밍에는 그 방향을 따라가는 것이 현명할 수 있다. 뉴욕 주가나 닛케이 평균 주가에는 장기적인 상승 트렌드와 하강 트렌드가 있다.

이것이 명확하게 하락 트렌드에서 상승 트렌드로 전환된 상황에서는 우량 종목, 실적이 좋은 종목에 자금을 투입해서 스윙으로 승부하는 것이 좋다. 악재가 더 이상 나오지 않고 실적의 호전이 시야에 들어오는 단

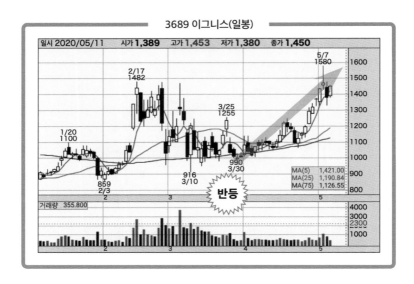

3689 이그니스(일봉)

| 일시 2020/05/11 | 시가 **1,389** | 고가 **1,453** | 저가 **1,380** | 종가 **1,450** |

계에서 큰손들의 자금은 이렇게 바닥을 친 종목에 몰리기 시작한다.

조금 시간이 지나 주가의 반등과 상승이 선명해진 단계에서는 개인 투자자들을 비롯해 투자를 원하는 다양한 사람들의 자금이 모여든다. 이렇게 매우 호조인 단계에서는 이미 예전에 그 종목을 매수했던 펀드는 이익 확정으로 방향을 전환한다.

데이트레이딩에서 시장을 보는 눈을 충분히 길렀다면, 그 움직임은 마치 손바닥 보듯 환히 보일 것이다.

주가의 매매 동향에서는 프로가 매수한 다음에 개인 투자자가 매수한다. 개인 투자자들은 프로의 이익 확정을 도와준다.

이 구도는 어떤 시점에서든 똑같다. 중요한 것은 초반에 매수하고, 많은 사람이 매수할 타이밍을 기다리는 스타일의 투자를 하는 일이다.

6963 롬(일봉)

겸업 투자자는
스윙 위주로

97

'데이트레이딩은 리스크가 적다.' 그렇다 해도 집에서 하루 종일 모니터를 들여다보며 트레이딩을 할 여건이 되는 사람은 많지 않다.

재택근무 덕분에 곧 많은 사람이 상사의 눈치를 보지 않고 컴퓨터 앞에서 트레이딩을 할 수 있게 될 것이다. 전업주부나 회사원이라고 해도 짬이 날 때 스마트폰으로 주가를 잠시 확인하는 일은 가능하고, 매매도 스마트폰 앱으로 간단하게 실시할 수 있다.

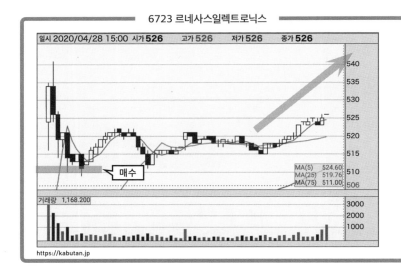

6723 르네사스일렉트로닉스

주식 데이트레이딩의 신 100법칙

그러나 주식 거래를 할 때는 시시각각으로 변하는 주가에 대응해야 착실하게 수익을 축적할 수 있다. 항상 전투태세를 유지할 필요가 있는 것이다. 그렇다면 겸업 투자자는 어떻게 해야 할까?

일과 중에 호가창을 보지 않는다는 전제로, 그 상황에서 투자에 성공할 방법을 선택할 수밖에 없다. 그 불리한 처지에서 투자에 도전하기 위해서는 애초부터 **시시각각으로 변하는 주가를 신경 쓰지 않아야** 한다. 넓은 시야에서 볼 때 주가가 상승하면 된다.

이런 사고방식을 가져야 안정적으로 트렌드를 따라 매매할 수 있다. 다소 등락은 있더라도 **일봉과 주봉에서 상승 트렌드의 시작을 찾아낸다.** 실적이 호전된 종목, 재료가 풍부한 종목이다. 이런 종목을 선택하는 일이 중요하다. 크게 상승한 뒤가 아니라, 초반에 올라탄다.

이런 발 빠른 방법이 투자의 성공을 낳는다.

6723 르네사스일렉트로닉스(일봉)

98

세계적인 상승 장세에서는 다음 날까지 기다린다

주식 시장의 환경은 크게 요동친다. 여건이 나쁠 때는 경제가 침체되고 기업 실적이 악화해 주가도 침체된다.

그러다가 악재의 영향이 끝나면 주가가 상승하기 시작한다.

투자를 오래하다 보면 이 두 가지 환경을 모두 만난다.

환경이 나쁘면 포지션을 청산하는 방법도 있지만, 지금은 또 다른 방법이 있다.

6920 레이저테크

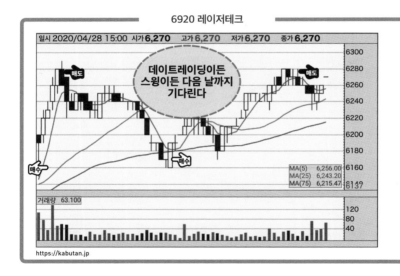

데이트레이딩이든 스윙이든 다음 날까지 기다린다

중요한 것은 주식 시장이 부활해서 시장의 중심인 국제 우량 종목이 상승하기 시작했을 때, 그 이점을 충분히 누리는 트레이딩을 하는 것이다. 여기에서 예로 든 차트는 반도체 관련 우량 종목인데, 일봉과 5분봉의 추이가 모두 순조롭기 때문에 수익을 올리기 쉽다.

아침의 상승에서 한 번. 오후의 상승에서 한 번. 총 두 번 이익을 확정할 수 있다.

깔끔하게 우상향하는 트렌드이므로, 이 종목을 주력으로 삼으면 데이트레이딩이든 스윙이든 수익을 올릴 수 있는 빈도가 높다.

시장이 상승 트렌드일 때는 그 상승에 편승해서 매수하는 것이 이상적이다.

불필요한 거래를 하지 않고, 잠시 하락했을 때 샀다가 다시 상승했을 때 판다. 이 방법으로 자산을 늘려 나가자.

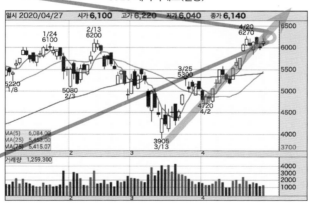

6920 레이저테크(일봉)

상승하는 시세에서는 '주력 종목'에 집중한다

99

전체적으로 '상승 트렌드'에 들어간 장세에서는 불필요한 거래는 하지 않고, 서로 다른 업종에서 우상향하는 종목을 총 세 개 정도 고른다. 주가가 내려갔을 때 사고, 올라갔을 때 판다.

이미 많이 상승한 종목은 잠시 내버려 둔다. 상승이 늦게 시작된 종목을 표적으로 삼는다. 이것을 반복하면 된다.

그중에서도 수출 관련 종목과 내수 관련 종목에 번갈아 투자하면 좋다.

1973 NEC넷츠에스아이

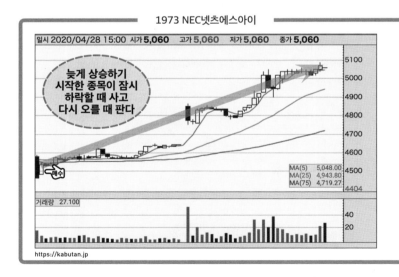

늦게 상승하기 시작한 종목이 잠시 하락할 때 사고 다시 오를 때 판다

주식 데이트레이딩의 신 100법칙

왜냐하면 펀드 등은 투자 종목을 빈번히 바꾸기 때문이다.

주가를 올려놓고, 거기에 그럴싸한 이유를 붙여 개인 투자자들을 유혹한다. 개인 투자자들은 상승한 주가에 달려들어 먹잇감이 된다. 속아 넘어가지 않는 일이 중요하다.

시세에 대한 자신 나름의 관점을 가지고, 주가가 잠시 하락하는 종목을 전문적으로 선택해서 유망주를 잘 매매한다.

대세에 현혹되지 않는 독자적인 원칙을 가지고 매매하는 것이 좋다.

상승 트렌드 속에서는 세력들이 온갖 방법으로 주가를 올리는 모습이 관찰된다.

특히 실적이 좋은 종목에 자금이 모여들기 때문에 펀더멘털에 대한 정보를 꿰뚫는 일이 성공으로 이어진다.

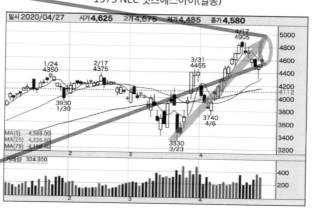

1973 NEC 넷츠에스아이(일봉)

주말의 포지션 조정 때
매수하는 전략도 있다

100

데이트레이딩의 대상으로 지켜보던 종목을 주말 마감 전에 매수해서 큰 수익을 올리는 일도 가능하다.

다만 어디까지나 **우상향하는 인기 종목에 한정되는** 이야기임을 밝혀둔다.

인기 종목도 하락할 때가 있다.

주말에는 정치경제 동향에 불안이 있으므로 포지션을 월요일까지 끌고 가지 않는다.

보유한 종목의 가치가 어느 정도 상승하면 이익을 확정해 둔다.

이것이 주말 마감이 다가올 때 주가의 경향이다.

이런 **포지션 조정 경향을 활용**하는 것이 현명한 매수 전략이다.

데이트레이딩을 주로 실시하더라도, 주가 하락의 기회가 있으면 유연하게 '오버나잇'으로 전환해 다음 주의 주가 상승에서 이익을 취하는 것이 좋다.

적어도 필자는 그렇게 해서 수없이 성과를 올렸다.

물론 예측이 틀리는 것은 투자에 항상 따라다니는 리스크지만, 그 리스크를 받아들이고 확률을 믿는 수밖에 없다.

상승하는 인기 종목에 진입하면 높은 확률로 하락을 만나게 되므로, 잠재적인 손해를 각오해야 한다.

그러나 그렇기에 어떤 시점이든 '주가가 잠시' 하락할 때를 노려 움직인다.

여기서는 그것이 주말의 포지션 조정 타이밍이다. 그러나 물론 언제든 비슷한 움직임이 나타나면 마찬가지로 행동하면 된다.

몇 번이고 말하지만 주식투자의 타이밍은 '주가가 잠시' 내려갈 때다.

그다음에는 주가가 '올라갈' 확률이 매우 높기 때문이다.

마치며

마지막으로…
싸움은 침대 속에서 시작된다

트레이딩은 꼭 컴퓨터를 켜고 나서 시작되는 것만은 아니다.

우리가 자는 동안에도 주가는 움직인다.

세계 최대의 시장인 뉴욕 시장은 우리가 일어날 때쯤 끝난다.

이것은 장점일까, 단점일까?

반도체 시장의 현황.

석유.

금.

VIX 지수.

이 모든 요소가 아침 9시부터 시작되는 주식 시장의 배경이 된다.

이것들을 알지 못한 채 데이트레이딩에 들어가면 틀림없이 잘못된 판단을 내리게 된다.

그뿐만이 아니다.

자는 동안 세계 경제는 어떻게 되었는가.

지정학적 리스크는 발생하지 않았는가.

미국 대통령은 무슨 말을 했는가.

몰라서는 안 되는 일이 산더미같이 많다.

침대 속에서라도 좋으니, 눈을 뜨자마자 스마트폰으로 확인해야한다.

지난밤 자정 전에 자러 갔다면 야간거래 데이터도 확인해야 한다. (한국에는 해당되지 않음)

이것저것 살펴보고 나서야 마침내 아침이 시작된다.

주식투자는 '자기책임'이다.

게다가 하이 리스크 하이 리턴의 투자다.

안이한 생각으로는 버틸 수 없다.

그날 주식투자의 성공과 실패는 침대 속에서 시작된다.

남이 깨워서 겨우 정신을 차리며 아침을 시작하면 너무 늦다.

싸우기도 전에 패배하는 것이나 마찬가지다.

정보를 수집하고 음미할 수 있을 만큼 머리가 맑은가?

잠을 깨기 위해서도 이 책에서 기억에 남는 부분을 다시 한번 훑어보자.

독자 여러분의 오늘 투자가 성공하기를 기원한다.

주식 데이트레이딩의 神신 100법칙
돈 버는 민첩성과 판단력을 갈고닦는 100가지 비결

1판 3쇄 발행 2023년 6월 15일
1판 1쇄 발행 2021년 10월 28일

지 은 이 | 이시이 카츠토시
옮 긴 이 | 이정미
발 행 인 | 최봉규

발 행 처 | 지상사(청홍)
등록번호 | 제2017-000075호
등록일자 | 2002. 8. 23.
주　　소 | 서울 용산구 효창원로64길 6 일진빌딩 2층
우편번호 | 04317
전화번호 | 02)3453-6111 팩시밀리 02)3452-1440
홈페이지 | www.jisangsa.co.kr
이 메 일 | jhj-9020@hanmail.net

한국어판 출판권 ⓒ 지상사(청홍), 2021
ISBN 978-89-6502-307-4 03320

주식 차트의 神신 100법칙

이시이 카츠토시 | 이정은

저자는 말한다. 이 책은 여러 책에 숟가락이나 얹으려고 쓴 책이 아니다. 사케다 신고가를 기본으로 실제 눈앞에 보이는 각 종목의 움직임과 조합을 바탕으로 언제 매매하여 이익을 얻을 것인지를 실시간 동향을 설명하며 매매전법을 통해 생각해 보고자 한다.

값 16,000원 | 국판(148x210) | 236쪽
ISBN978-89-6502-299-2 | 2021/2 발행

주식의 神신 100법칙

이시이 카츠토시 | 오시연

당신은 주식투자를 해서 좋은 성과가 나고 있는가? 서점에 가보면 '주식투자로 1억을 벌었느니 2억을 벌었느니' 하는 책이 넘쳐나는데, 실상은 어떨까? 실력보다는 운이 좋아서 성공했으리라고 생각되는 책도 꽤 많다. 골프 경기에서 홀인원을 하고 주식 투자로 대박을 낸다.

값 15,500원 | 국판(148x210) | 232쪽
ISBN978-89-6502-293-0 | 2020/9 발행

텐배거 입문

니시노 다다스 | 오시연

틈새시장에서 점유율 1위인 기업, 앞으로 높이 평가받을 만한 신흥기업을 찾아내 투자하는 것이 특기였다. 그 결과 여러 번 '안타'를 칠 수 있었다. 10배 이상의 수익을 거두는 이른바 '텐배거' 종목, 즉 '만루 홈런'은 1년에 한 번 있을까 말까다. 하지만 두세 배의 수익을 내는 주식…

값 16,000원 | 국판(148x210) | 256쪽
ISBN978-89-6502-306-7 | 2021/10 발행

영업은 대본이 9할

가가타 히로유키 | 정지영

이 책에서 전달하는 것은 영업 교육의 전문가인 저자가 대본 영업 세미나에서 가르치고 있는 영업의 핵심, 즉 영업 대본을 작성하고 다듬는 지식이다. 대본이란 '구매 심리를 토대로 고객이 갖고 싶다고 "느끼는 마음"을 자연히 끌어내는 상담의 각본'을 말한다.

값 15,800원 | 국판(148x210) | 237쪽
ISBN978-89-6502-295-4 | 2020/12 발행

영업의 神신 100법칙

하야카와 마사루 | 이지현

인생의 고난과 역경을 극복하기 위해서는 '강인함'이 반드시 필요하다. 내면에 숨겨진 '독기'와도 같은 '절대 흔들리지 않는 용맹스러운 강인함'이 있어야 비로소 질척거리지 않는 온화한 자태를 뽐낼 수 있고, '부처'와 같은 평온한 미소로 침착하게 행동하는 100법칙이다.

값 14,700원 | 국판(148x210) | 232쪽
ISBN978-89-6502-287-9 | 2019/5 발행

리더의 神신 100법칙

하야카와 마사루 | 김진연

리더가 다른 우수한 팀을 맡게 되었다. 하지만 그 팀의 생산성은 틀림없이 떨어진다. 새로운 다른 문제로 고민에 휩싸일 것이 뻔하기 때문이다. 그런데 이번에는 팀 멤버를 탓하지 않고 자기 '능력이 부족해서'라며 언뜻 보기에 깨끗하게 인정하는 듯한 발언을 하는 리더도 있다.

값 15,000원 | 국판(148x210) | 228쪽
ISBN978-89-6502-292-3 | 2020/8 발행

경매 교과서
설마 안정일

저자가 기초반 강의할 때 사용하는 피피티 자료랑 제본해서 나눠준 교재를 정리해서 정식 책으로 출간하게 됐다. A4 용지에 제본해서 나눠준 교재를 정식 책으로 출간해 보니 감회가 새롭다. 지난 16년간 경매를 하면서 또는 교육을 하면서 여러분에게 꼭 하고 싶었던…

값 17,000원 | 사륙배판(188x257) | 203쪽
ISBN978-89-6502-300-5 | 2021/3 발행

생생 경매 성공기 2.0
안정일(설마) 김민주

이런 속담이 있죠? '12가지 재주 가진 놈이 저녁거리 간 데 없다.' 그런데 이런 속담도 있더라고요. '토끼도 세 굴을 판다.' 저는 처음부터 경매로 시작했지만, 그렇다고 지금껏 경매만 고집하지는 않습니다. 경매로 시작했다가 급매물도 잡고, 수요 예측을 해서 차액도 남기고…

값 19,500원 | 신국판(153x224) | 404쪽
ISBN978-89-6502-291-6 | 2020/3 발행

설마와 함께 경매에 빠진 사람들
안정일 김민주

경기의 호황이나 불황에 상관없이 경매는 현재 시장의 시세를 반영해서 입찰가와 매매가가 결정된다. 시장이 나쁘면 그만큼 낙찰 가격도 낮아지고, 매매가도 낮아진다. 결국 경매를 통해 수익을 얻는다는 이치는 똑같아 진다. 그래서 경매를 잘하기 위해서는…

값 16,800원 | 신국판(153x224) | 272쪽
ISBN978-89-6502-183-4 | 2014/10 발행

주식투자 1년차 교과서

다카하시 요시유키 | 이정미

오랫동안 투자를 해온 사람 중에는 지식이 풍부한 사람들이 있다. 그러나 아쉽게도 지식이 풍부한 것과 투자에 성공하는 것은 서로 다른 이야기다. 투자에서는 '잘 안다'와 '잘 한다' 사이에 높은 벽이 있다. 이 책에서는 '잘할' 수 있도록, 풍부한 사례를 소개하는 등 노력하고 있다.

값 15,800원 | 국판(148x210) | 224쪽
ISBN978-89-6502-303-6 | 2021/5 발행

월급쟁이 초보 주식투자 1일 3분

하야시 료 | 고바야시 마사히로 | 노경아

무엇이든 시작하지 않으면 현실을 바꿀 수 없다는 것을 깨닫고 회사 업무를 충실히 수행하면서 주식을 공부해야겠다고 결심했다. 물론 주식에 대한 지식도 경험도 전혀 없어 밑바닥에서부터 시작해야 했지만, 주식 강의를 듣고 성과를 내는 학생들도 많았으므로 좋은 자극을 받았다.

값 12,700원 | 사륙판(128x188) | 176쪽
ISBN978-89-6502-302-9 | 2021/4 발행

꾸준함으로 유혹하라

유송자

단기간에 MDRT회원이 되었다. 꿈 너머 꿈이라고 했던가. 목표 넘어 목표라고 했던가. 100주 만 해보자 하고 시작했던 것이 700주를 넘겼고 1,550주를 향해 달려가고 있다. 뿐만 아니라 2008년 첫 MDRT회원이 되어 14년을 유지해 종신회원이 되었다.

값 16,000원 | 국판(148x210) | 248쪽
ISBN978-89-6502-304-3 | 2021/7 발행

세상에서 가장 쉬운 통계학 입문

고지마 히로유키 | 박주영

이 책은 복잡한 공식과 기호는 하나도 사용하지 않고 사칙연산과 제곱, 루트 등 중학교 기초수학만으로 통계학의 기초를 확실히 잡아준다. 마케팅을 위한 데이터 분석, 금융상품의 리스크와 수익률 분석, 주식과 환율의 변동률 분석 등 쏟아지는 데이터…

값 12,800원 | 신국판(153x224) | 240쪽
ISBN978-89-90994-00-4 | 2009/12 발행

세상에서 가장 쉬운 베이즈통계학 입문

고지마 히로유키 | 장은정

베이즈통계는 인터넷의 보급과 맞물려 비즈니스에 활용되고 있다. 인터넷에서는 고객의 구매 행동이나 검색 행동 이력이 자동으로 수집되는데, 그로부터 고객의 '타입'을 추정하려면 전통적인 통계학보다 베이즈통계를 활용하는 편이 압도적으로 뛰어나기 때문이다.

값 15,500원 | 신국판(153x224) | 300쪽
ISBN978-89-6502-271-8 | 2017/4 발행

만화로 아주 쉽게 배우는 통계학

고지마 히로유키 | 오시연

비즈니스에서 통계학은 필수 항목으로 자리 잡았다. 그 배경에는 시장 동향을 과학적으로 판단하기 위해 비즈니스에 마케팅 기법을 도입한 미국 기업들이 많다. 마케팅은 소비자의 선호를 파악하는 것이 가장 중요하다. 마케터는 통계학을 이용하여 시장조사 한다.

값 15,000원 | 국판(148x210) | 256쪽
ISBN978-89-6502-281-7 | 2018/2 발행

대입-편입 논술 합격 답안 작성 핵심 요령 150

김태희

시험에서 합격하는 비결은 생각 밖으로 단순하다. 못난이들의 경합에서 이기려면, 시험의 본질을 잘 알고서 그것에 맞게 올곧게 공부하는 것이다. 그러려면 평가자인 대학의 말을 귀담아들을 필요가 있다. 대학이 정부의 압력에도 불구하고 논술 시험을 고수하는 이유는….

값 22,000원 | 신국판(153x225) | 360쪽
ISBN978-89-6502-301-2 | 2021/2 발행

대입-편입 논술에 꼭 나오는 핵심 개념어 110

김태희

논술시험을 뚫고 그토록 바라는 대학에 들어가기 위해서는 논술 합격의 첫 번째 관문이자 핵심 해결 과제의 하나인 올바른 '개념화'의 능력이 필요하다. 이를 위해서는 관련한 최소한의 배경지식을 습득해야 하는데, 이는 거창한 그 무엇이 아니다. 논술시험에 임했을 때…

값 27,000원 | 신국판(153x225) | 512쪽
ISBN978-89-6502-296-1 | 2020/12 발행

독학 편입논술

김태희

이 책은 철저히 편입논술에 포커스를 맞췄다. 편입논술 합격을 위해 필요한 많은 것들을 꾹꾹 눌러 채워 넣었다. 전체 8장의 단원으로 구성되었지만, 굳이 순서대로 공부할 필요는 없다. 각 단원을 따로 공부하는 데 불편함이 없도록, 겹겹이 그리고 자세히 설명했다.

값 45,500원 | 사륙배판(188x257) | 528쪽
ISBN978-89-6502-282-4 | 2018/5 발행